世界で一つ、光の花
飾り結び ベネチアンビーズ・ジュエリー
組みひもとワイヤーで楽しむ

朝霧裕子

日貿出版社

ベネチアの光を結んで

　『やさしい飾り結び』(橋田正園著・NHK出版)の本に出会ったとき、1本のひもからなんてすごいことができるのだろうと本当に驚きました。以来、そのすばらしい技を身につけたい一心で、本とひもを手に、ひたすら独習に励みました。図書館や書店で「結びの本」を探し回り、伊賀上野では組みひものミニ台と糸を購入し、ひもを組むことも覚えました。

　その頃です。私がベネチアに魅せられたのは。たびたび一人で訪れるようになり、ベネチアンビーズに出会いました。ビーズは、アンティーク・ショップの年代物の大きな鍋に無造作に入れられていたのですが、一つ一つの粒の中に入れ込まれた金箔や白金箔が生み出す光により、それは美しく輝いていました。何時間も夢中になって、気に入ったものを選び出し、帰国後、それらのビーズと、自分が組んで飾り結びをしたひもとを組み合わせて作ったネックレスが、私の創作の出発点でした。

　それから何年も試行錯誤するうちに、ひもに代えて金属線を結ぶようになりました。ベネチアンビーズの美しい色と輝きが、金属の結び目に縁取られて浮き上がり、飾り結びが繊細な装飾をほどこす効果に自分でも目を見張りました。それからというものは、新しい形を求めて工

竹結びのピアスとネックレスです(Lesson 9、10)。ベネチアの井戸にチュールをかけて撮影しました。

淡路結びの横連続で創作したロングネックレスです(Lesson 2)。後ろに見える青と白の斜め模様は、桟橋のゴンドラをつないでおくための杭です。

夫と試行の日々となりました。

　毎年ベネチアを訪れて、いろいろなお店や工房でビーズを買い求めるうちに、ベネチアは美しい幻想の町から、現実的で厳しい交渉の場所になってきました。その厳しさに自分の弱さを知り、打ちひしがれたこともありました。でも、ベネチアはすばらしい出会いの街でもありました。私が胸につけていたペンダントを気に入ってくれたカミッラは作品のモデルとなり、その友人でカメラマンのエバは写真を撮って私を支えてくれるという幸運に恵まれたのです。

　作品展を開くようになってからは、作品をご覧になり、買い求めてくださった方々の温かい言葉に励まされました。作品を「結ぶ」ことで多くの縁が「結ばれる」。この不思議な「結び」の力に感謝し、これまでの作品を本書にまとめました。「飾り結び」の技もいくつか紹介しましたので、ぜひ創作を試してみてください。一人でも多くの方が日本の伝統の技とベネチアンビーズの輝きを組み合わせた独自の技法に興味を持ってくださることを願い、これからも作品を作り続けていきたいと思っております。

けさ結びのネックレスです（Lesson 6）。背景の建物はベネチア共和国時代の国立造船所「アルセナーレ」の入口です。

裏梅結びで創作したネックレスです（Lesson 15）。中心の作品の首周りは組みひもを平結びしています（Lesson 6）。アルセナーレの橋の欄干にて、撮影しました。

目次

ベネチアの光を結んで　　2

知っておきたい！ 素材のはなし（1）
　ベネチアンビーズ
　　～職人技が生む不死鳥の輝き～　　6

知っておきたい！ 素材のはなし（2）
　本書で使用するビーズ　　8

コラム（1）
　My Creation　私の創造の源　　10

作ってみましょう
飾り結びベネチアンビーズ・ジュエリー　　11

（口絵）組みひもで作る
　　ベネチアンビーズ・ジュエリー　　12
（口絵）ワイヤーで作る
　　ベネチアンビーズ・ジュエリー　　14

道具と材料　　16
　組みひもで作る　　16
　ワイヤーで作る　　18
　～組みひも＆ワイヤー共通～
　　アクセサリー・パーツ　　19

Lesson 1
　淡路結び縦連続のバレッタ　　20
Lesson 2
　淡路結び横連続のロングネックレス　　22
Lesson 3
　桃結びのピン・ブローチ　　24
Lesson 4
　裏菊結びのブローチ　　26
Lesson 5
　裏梅結びのブローチ　　28
Lesson 6
　けさ結びのネックレス　　30
Lesson 7
　梅結びの花ネックレス　　32
Lesson 8
　梅結びの蝶ブレスレット　　34
Lesson 9
　竹結びのピアス／イヤリング　　36
Lesson 10
　竹結びのネックレス　　38
Lesson 11
　菊結びのネックレス　　40
Lesson 12
　釈迦結びのピアス／イヤリング　　42
Lesson 13
　梅結びの蝶ロングネックレス　　44
Lesson 14
　木瓜（もっこう）結びの三花（さんか）ネックレス　　46
Lesson 15
　裏梅結びのネックレス　　48
Lesson 16
　総角（あげまき）結びの花クロスネックレス　　50
Lesson 17
　裏菊結びのブローチ　　52
Lesson 18
　菊結び 応用のネックレス　　54

コラム（2）
My Creation　作品づくりの基本Q&A　56

朝霧裕子の
ベネチアンビーズ・ジュエリーの世界　57

出会いに支えられて
カミッラ　Camilla Ahlqvist　58

私の友、ユウコへ　60

出会いに支えられて
エバ　Eva Maria Ohtonen　61

【作品】水都の花　62
【作品】花の三重奏　64
【作品】月光の花　66
【作品】ベネチアの胸飾り　68
【作品】ベネチアン・モザイク　70
【作品】ベネチアの扉　72
【作品】赤い貴婦人　74
【作品】ベネチアの青　76
【作品】緑の花束　78
【作品】オリエントの花　80

基本の結び方　82
淡路結び　82
淡路結び縦連続　82
淡路結び横連続　82
桃結び　83
けさ結び　83
竹結び　84
梅結び　84
裏梅結び　85
菊結び　85
裏菊結び　86
釈迦結び　87
木瓜結び（もっこう）　87
総角結び（あげまき）　88
平結び（基本）　88
平結び（ねじり）　89

基礎＆仕上げのテクニック　90
Tピン、9ピンの輪の作り方　90
Tピン、9ピンを使ったつなぎ方　90
Cカンの開き方　90
Cカンを使ったつなぎ方　90
チェーンの切り方　91
チェーンと留め具のつなぎ方　91
ボールチェーンのつなぎ方　91
Vカップのつけ方　91
コイル巻き　92
ピアス、イヤリング金具のつけ方　92
ネックレスの長さ　93

教室＆ショップガイド　95

著者略歴　96

Venetian Beads

知っておきたい！素材のはなし **1**

ベネチアンビーズ　〜職人技が生む不死鳥の輝き〜

　紀元前から作られてきたビーズ。ベネチアンビーズは、12世紀に富裕階級の衣裳の飾りとして始まりましたが、その美しさに目をつけた政府は13世紀末にガラス職人のムラノ島への集中移住と保護下での生産に乗り出し、一段と質の高いビーズを生み出します。

　その後、地中海貿易を独占したルネッサンス期から大航海時代の独占体制崩壊へと続く歴史の流れの中で、ビーズは一つ一つ職人技で作り続けられ、世界へと送り出されました。

　17世紀、アフリカとの交易用に、大胆な色彩のロゼッタ・ビーズやムッリーネ・ビーズが人気を集め、繁栄期を迎えます。1797年のナポレオンによるベネチア共和国の崩壊で一時は後退しますが、市民革命で台頭した中産階級のドレスやハンドバッグ用のコンテリエと呼ばれるけし粒のようなビーズに需要を見い出します。新たな活路で、1867年のパリ万博の頃には絶頂期に達しました。

　20世紀に入り、第二次世界大戦で大打撃をこうむりますが、今度は貴金属を使わないコスチューム・ジュエリーとして新たな光を受けて、ベネチアンビーズは輝きます。

　ファッションに個性を求める現在、あら

アンティーク・ショップの近くにあるサン・マルコ広場。朝は霧が立つことが多い。

アンティーク・ショップに並ぶ色とりどりのビーズたち。職人技が生む美の結晶です。

貴重なベネチアンビーズを扱うアンティーク・ショップ。年代物の大鍋の中にビーズがどっさり入っています。

ゆる種類のビーズが作られていますが、ビーズの中に金箔や白金箔を埋め込んだソンメルソ・ビーズや繊細な花模様のフィオラート・ビーズの優美さは、世界中の人の心をとらえています。

　私はベネチアンビーズに魅せられて、自分の手で作りたい、そう思って試みたことがあります。ある先生にビーズ作りの教えを受け、挑戦をしましたが、ガラスの中から輝く金や白金の美しさを表現することは、とうてい真似ることができませんでした。極細のガラス棒で模様を描くのも、想像以上に高度な技術が必要でした。職人技の奥深さを思い知らされました。ガラスが手の甲に垂れて火傷をしたとき、その熱さと痛さを乗り越えて作り続けているベネチアの職人に心から敬服しました。

　ささやかなビーズ作りの体験でしたが、私には身をもってベネチアンビーズを知る機会となりました。そして以前にも増して、ベネチアンビーズでの創作に喜びを感じています。

　最近、ベネチアンビーズの品質低下を嘆く声や、発展の行き詰まりを耳にすることがありますが、ベネチアには、いく度かの世界規模での波瀾を乗り越えてきた伝統の力があります。情熱を持って、ビーズ作りに取り組む人たちがいることも知っています。必ずや、伝統の技の上に創意工夫を重ね、ベネチアンビーズに新しい光を与えてくれるでしょう。

　私は、それを誰よりも信じて、創作をしています。

フィオラート・ビーズ

ソンメルソ・ビーズ
「ソンメルソ」とは、「埋め込まれた」という意味のイタリア語です。

コンテリエ・ビーズ
写真はコンテリエ・ビーズに糸を通し、木製の芯に巻きつけたものです。

ロゼッタ・ビーズ

ムッリーネ・ビーズ

Venetian Beads

知っておきたい！素材のはなし ❷

本書で使用するビーズ

炎の上で、芯に様々な色のガラスを巻きつけて作るベネチアンビーズ。芯になるガラスに金箔か白金箔を入れ、その上にガラスをかぶせ、輝きを加えます。さらに模様を描いて装飾されているビーズもあります。このベネチアンビーズの多様性と飾り結びの繊細さが組み合わさって、美しいグラス・ジュエリーができあがります。

ベネチアンビーズにはとてもたくさんの種類があり、それぞれに名前がつけられています。制作を行うには主要な形を知っておけば充分です。本書では主要な12種類の形のビーズを使います。これらの組み合わせから、創造性豊かなジュエリーが生まれます。

オリーバ
Oliva
オリーブ型（楕円）のビーズ。

トンド
Tondo
球形のビーズ。本書では6mmのものと、8mmのものを使います。

クボ
Cubo
立方体のビーズ。角に丸みがあるものと、ないものがあります。

フィオラート
Fiorato
花模様が描かれたビーズ。写真のようなトンド以外にもいろいろな形があります。

エリカ
Elica
葉型のビーズ。創作にはひねりが少ない方が使いやすいです。

クオーレ
Cuore
ハート型のビーズ。創作には厚みのない方が使いやすいです。

オンダ
カナラッソ
ブラゾーネ

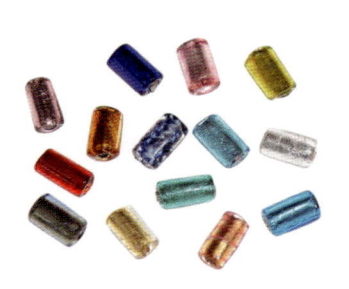

チューボ
Tubo
筒状のビーズ。本書では直径約5mmで長さ1cmのものを使います。

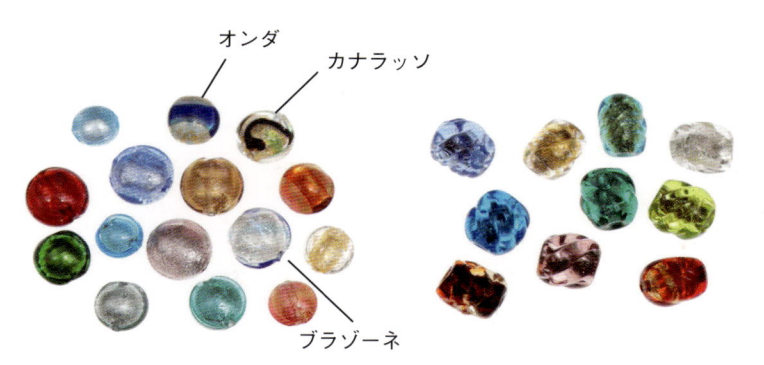

スキッサ
Schissa
平丸のビーズ。いろいろな装飾をほどこしたものが見られます。それぞれの装飾からブラゾーネ（紋章）、カナラッソ（運河）、オンダ（波）と呼びます。

メローネ
Melone
メロンのような溝がついたビーズ。この溝によって、微妙な光の反射が生まれます。

クアドリ・フォリオ
Quadrifoglio
四つ葉型のビーズ。

クアドラート
Quadrato
正方形のビーズ。斜め穴のものもあります。

カットビーズ
Machine-cut beads
機械によるカットのビーズ。本書では7mmのものを使いますが、手に入らないときは、6mmか8mmのものを使ってください。

■ **ガラス or ビーズ？**

展示をしていると、よく「これはガラスですか？ それともビーズですか？」と質問されます。一般的には、糸を通す穴があいている玉をすべてビーズと言います。ですから、ベネチアンビーズは、正確にはガラス製のビーズと言えましょう。

■ **とんぼ玉 and ベネチアンビーズ**

「とんぼ玉とは、どこが違うのですか？」という質問もあります。バーナーの火の中で、棒にガラスを巻きつけるという作り方は同じですが、とんぼ玉はガラスの玉の中に創り出す紋様に作家の技を求めます。形と大きさはそれほど種類を見ません。

ベネチアンビーズもガラスの中に紋様を創り出しますが、色と形に工夫を凝らし、大きさもいろいろで、それらを結びつけることで輝く造形美をなすと言えるでしょう。私が、多種の作品を創ることができるのも、ベネチアンビーズの色、形、大きさの多様性あってのことです。

コラム1

My Creation
〜私の創作の源〜

　私がビーズに求めるものは、朝の霧が流れるサン・マルコ広場の霧のかすみの中から柔らかな光を放つ街灯の輝きです。

　サン・マルコ広場の近くのアンティーク・ショップで、金箔や白金箔が幻想的に輝くビーズを一つ一つ選びます。

　よく、「自分で買いに行くのは大変だから、イタリアから送ってもらったら」と言われます。でも、それでは自分の心に留まったビーズを選ぶことができません。

　朝、誰もいないサン・マルコ広場に立つときの幸福感、アンティーク・ショップでビーズを探すときの高揚した気持ち。それらすべてが私の創作のエネルギー源です。この気持ちが続く限り、創作を続けられるような気がします。

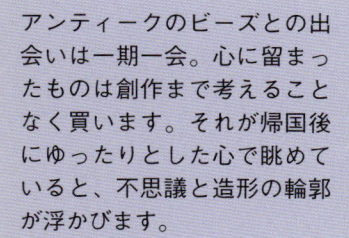

アンティークのビーズとの出会いは一期一会。心に留まったものは創作まで考えることなく買います。それが帰国後にゆったりとした心で眺めていると、不思議と造形の輪郭が浮かびます。

作ってみましょう
飾り結びベネチアンビーズ・ジュエリー

P20〜55の作り方のページでは、制作の手引きとして各作品のできあがりサイズを縦×横表示で、それぞれの最大値を紹介しています。ピアス、イヤリングについては金具を除いたモチーフのみのサイズを紹介しています。ネックレスについてはP93〜94にサイズを詳しく紹介していますので、そちらをご覧ください。

組みひもで作る
ベネチアンビーズ・ジュエリー

和の素材・組みひもとベネチアンビーズで作る
シックな雰囲気のジュエリーです。
ヨーロピアンやオリエンタルの枠に
収まらない魅力があります。

Lesson 5
裏梅結びのブローチ
●作り方：P28-29

Lesson 3
桃結びのピン・ブローチ
●作り方：P24-25

Lesson 4
裏菊結びのブローチ
●作り方：P26-27

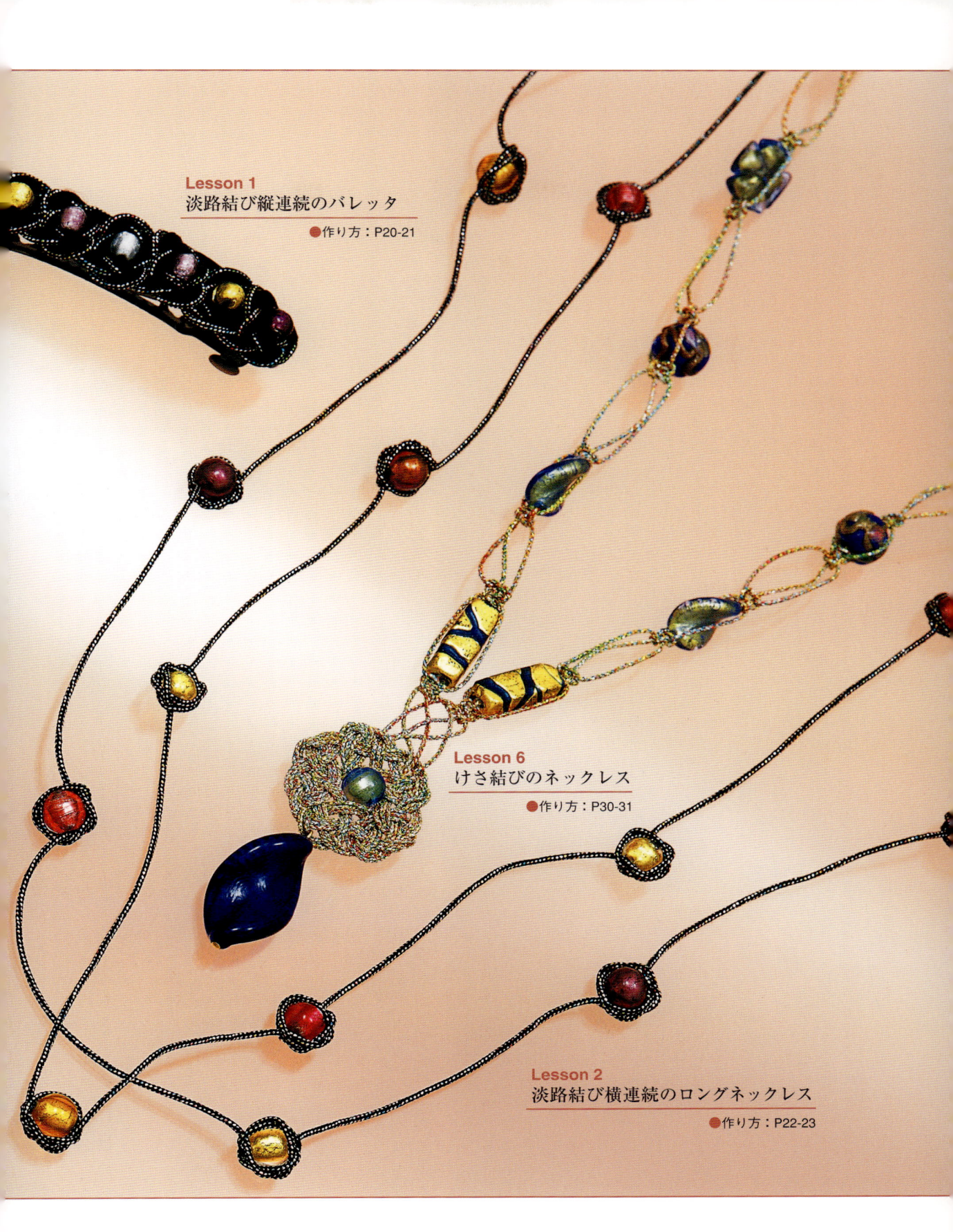

Lesson 1
淡路結び縦連続のバレッタ
●作り方：P20-21

Lesson 6
けさ結びのネックレス
●作り方：P30-31

Lesson 2
淡路結び横連続のロングネックレス
●作り方：P22-23

Lesson 8
梅結びの蝶ブレスレット
●作り方：P34-35

ワイヤーで作る
ベネチアンビーズ・ジュエリー

Lesson 12
釈迦結びの
ピアス／イヤリング
●作り方：P42-43

Lesson 14
木瓜結びの三花ネックレス
●作り方：P46-47

Lesson 16
総角結びの花クロスネックレス
●作り方：P50-51

Lesson 9
竹結びのピアス／イヤリング
●作り方：P36-37

Lesson 13
梅結びの
蝶ロングネックレス
●作り方：P44-45

Lesson 11
菊結びのネックレス
●作り方：P40-41

Lesson 10
竹結びのネックレス
●作り方：P38-39

Lesson 17
裏菊結びのブローチ
●作り方：P52-53

Lesson 7
梅結びの花ネックレス
●作り方：P32-33

Lesson 18
菊結び
応用のネックレス
●作り方：P54-55

Lesson 15
裏梅結びのネックレス
●作り方：P48-49

シルバーやゴールドにカラーコーティングされた、ワイヤーとベネチアンビーズで作るゴージャスなジュエリーです。金属の輝きと色彩豊かなビーズが洗練された印象を与えてくれます。

Tool & Material
道具と材料

　ジュエリー制作を始める前に、まずは道具と材料を準備しましょう。ほとんどのものが大きな手芸店やクラフト材料、ビーズを扱っている店で手に入ります。ビーズの種類、大きさについては、それぞれの作り方のページで解説していますが、同じものでなくてもかまいません。手に入るもので工夫して、あなただけのオリジナル・ジュエリーを作ってください。

■ 組みひもで作る

針
中細の縫い針

目打ち（千枚通し）
結び目を広げたり、ほどいたりするのに使います。

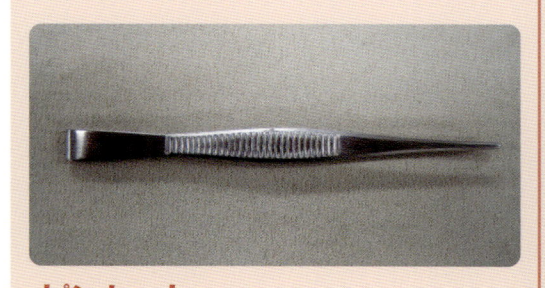

ピンセット
ひもを添わしたり、引き出したりするのに便利です。いろいろなタイプのものがあるので、手になじむものを見つけてください。

はさみ
刃先が細く、よく切れるものを用意します。写真上のはさみはひもを切るときに使います。写真下は糸切りばさみです。両方用意しておくと便利です。

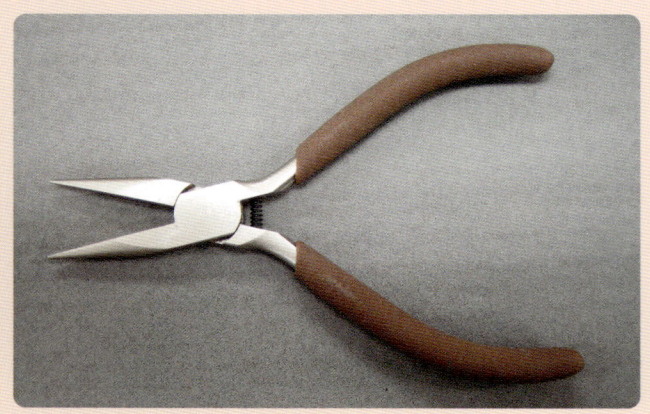

平ペンチ（平やっとこ）
ひもから針を抜くときに使います。これを使うと指を痛めません。

糸

ひもとビーズや、ひもとひもを縫うときに使います。切れにくいポリエステル製をおすすめしますが、絹糸も使えます。

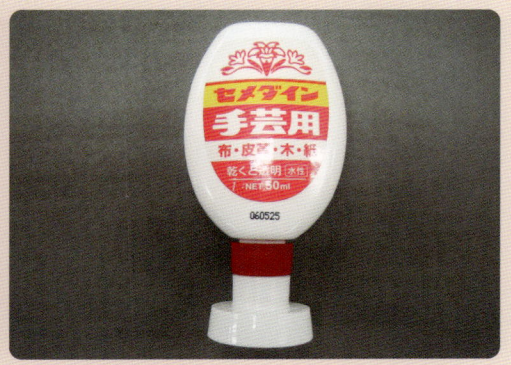

手芸用のボンドやセメダイン

ひもの切り口につけ、ほつれを防止します。乾くと透明になるものを選んでください。逆さボトルになっているものが使いやすくおすすめです。細かい部分には爪楊枝の先につけて使います。

組みひも

太さ1mm

本書では、Lesson 3 桃結びのピン・ブローチ〈添わす線として〉（P24-25）とLesson 6 けさ結びのネックレス（P30-31）に使用しています。

太さ1.5mm

本書では、Lesson 1 淡路結び縦連続のバレッタ（P20-21）、Lesson 2 淡路結び横連続のロングネックレス（P22-23）に使用しています。

太さ2mm

本書では、Lesson 3 桃結びのピン・ブローチ（P24-25）、Lesson 4 裏菊結びのブローチ（P26-27）、Lesson 5 裏梅結びのブローチ（P28-29）に使用しています。

●著者よりひとこと

本書の掲載作品には、私が特別に注文した伊賀の組みひもを使っていますが（ご希望の方にはP95で通信販売の紹介をしています）、太ささえ同じなら別のメーカーのひもを使っても全然かまいません。いろいろなタイプのひもでアレンジしてみるのもおもしろいと思います。

ただし、市販のひもの中にはよりがかけてあるだけで組まれていないものがあります。そうしたひもはほどけやすいので、組んであるひもを購入してください。

Tool & Material

■ ワイヤーで作る

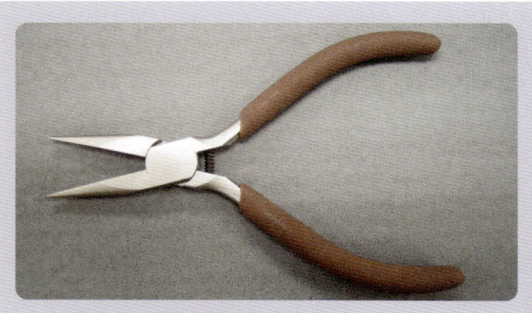

平ペンチ（平やっとこ）
ワイヤーの細工に使う最も重要な道具です。ワイヤーのコーティングをはがさないよう、先に溝のないものを選びましょう。

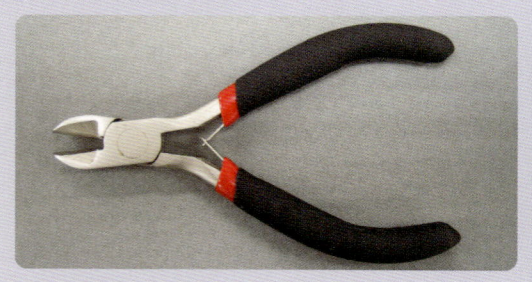

丸ペンチ（丸コーンプライヤー）
ワイヤー、9ピン、Tピンなどの先をきれいに丸めるときに使います。

ニッパー
ワイヤー、9ピン、Tピンなどを切るときに使います。

目打ち（千枚通し）
ワイヤーを奥に入れ込んだり、作った輪の形を整えるときに使います。

アーティスティック・ワイヤー
本書では、写真の2色の太さ0.5mm（24号）と0.3mm（28号）を使います。

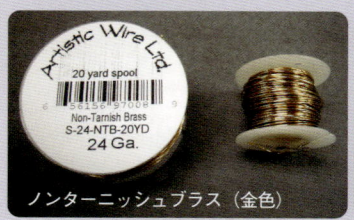

ノンターニッシュブラス（金色） 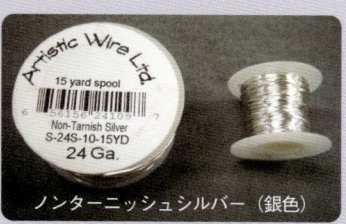　　ノンターニッシュシルバー（銀色）

※「ノンターニッシュ」とは「変色しない」という意味です。

アーティスティック・ワイヤーはアメリカ製のため、ヤード表示で販売されていることがあります。下のメートルへの換算を参考にしてください。

1yd（ヤード）＝約0.91m
10yd＝約9.1m
15yd＝約13.7m
20yd＝約18.2m

●著者よりひとこと

　私が作家として創作する作品は、金属の重厚な輝きをより引き出すために真鍮線を使い、完成してからメッキ加工をほどこしていますが、一般の方向きの工程ではありません。
　本書で作り方を紹介している作品は、銅線にカラー加工をし、表面をコーティングしたアーティスティック・ワイヤーを使用しています。柔らかく、はじめてジュエリー制作を行う人にも扱いやすいからです。様々な色がありますので、作るものに合わせて色を選んでください。

～組みひも＆ワイヤー共通～ アクセサリー・パーツ

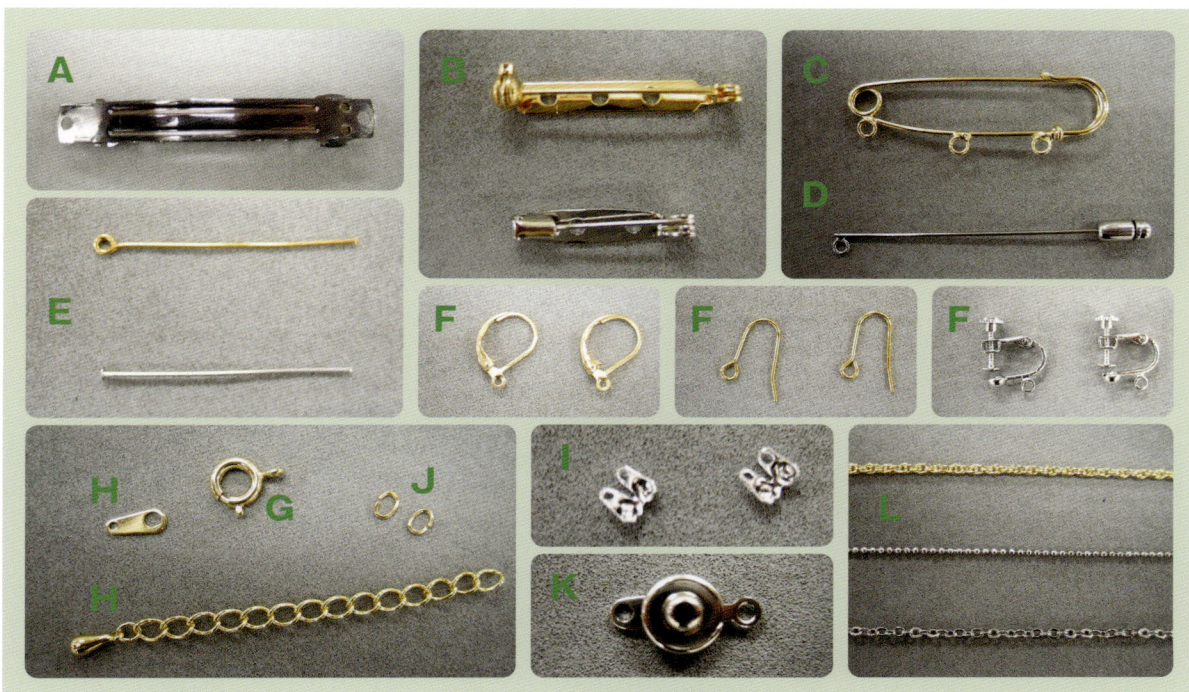

A. バレッタ金具
ワイヤーや糸でパーツをつなぎ留めます。本書では横8cm、縦1cmのものを使っています。

B. ブローチ金具
糸でパーツをつなぎ留めます。いくつか穴があいているものが留めやすいです。本書では横2.5cmと3cmのものを使っています。

C. かぶとピン金具
安全ピンふうのブローチ金具。輪にパーツをぶら下げます。本書では横5.2cm、縦1cmのものを使っています。

D. ハットピン（ピン・ブローチ）金具
本書では、頭にパーツをぶら下げる輪があり、キャップも含めて6.3cmのものを使っています。

E. 9ピン（写真上）、Tピン（写真下）
Tピンは先が皿状のため、ビーズを留めることができます。P20～55の「材料」に表示された長さに切って使って下さい。9ピンは片方が丸めてあり、もう片方を丸めることで連続してつなぐことができます。本書ではワイヤーで9ピンを作ります。

F. ピアス、イヤリング金具
パーツを直接つけるものと、Cカンでつけるものがあります。

G. 引き輪
ネックレスの留め具です。本書では一番つけやすい丸型を使っています。外径7mmが一般的ですが、使いにくいときは9mmを使いましょう。

H. アジャスター、ダルマカン
引き輪を引っかける金具です。アジャスターを使うと5cmまでのサイズ調整が可能に。

I. Vカップ
ボールチェーンの端につけ、Cカンでチェーンにつなげられるようにします。

J. Cカン
チェーンと金具、パーツと金具をつなぐときに使います。3×4mmサイズが使いやすいです。

K. マグネットホック（ニューホック）
ブレスレットの留め具です。着脱が簡単にできます。

L. チェーン
本書では三つ編みチェーン（写真上）、ボールチェーン（写真中）、あずきチェーン（写真下）を使っています。

Lesson 1 淡路結び縦連続のバレッタ

■材料
- 組みひも／太さ1.5mm…80cm
- サテンコード／太さ2mm…75cm
- 組みひもの色に合う色の手芸用糸…適量
- ベネチアンビーズ／丸（トンド）6mm…7個
- バレッタ金具／横8cm…1個

■道具
針、はさみ、手芸用ボンド、ピンセット、平ペンチ*、セロハンテープ

＊＝必要に応じて使用

図I 淡路結びの結び方 ▶▶ 詳しくはP82へ

図II 淡路結び縦連続の結び方 ▶▶ 詳しくはP82へ

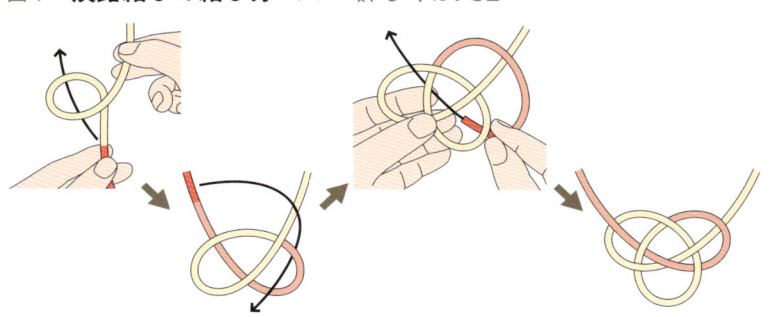

1 まず、図Iの手順に沿って1個目の淡路結びをします。

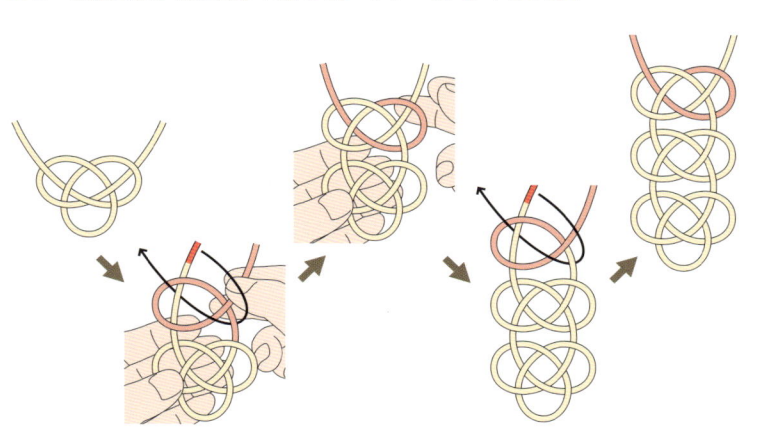

2 図IIの手順で1に続けて、縦に7段結びます。きつく結びすぎるとサテンコードを添わせにくくなるので、ゆったりと結びましょう。

3 2でできた縦連続の淡路結びの内側に、サテンコードを添わせていきます。手でやりにくい場合は、ピンセットを使います。サテンコードの両端は、ボンドをつけたり、テープで留めて、ほつれを防止しておきます。

Lesson 1～18の材料と道具についての詳細は、P16～19を参照して下さい。

できあがりサイズ ▶ 約1.5×8.5cm

4 サテンコードを半分まで添わせたら、間違っているところがないか確認しましょう。

5 サテンコードを添わせ終わったら、バレッタ金具の長さに合わせて結びの長さを調整します。

6 7つの淡路結びの各中央にビーズを縫いつけます。

7 結び終わりは三つ輪になるように、上に出ている方のひもを後ろに差し込みます。

8 差し込んだひもが表に出てこないよう、裏側に縫いつけます。余ったひもは外から見えない長さに切り、切り口にボンドをつけて乾かします。

9 バレッタ金具の左右の穴を利用して、結んだひもとバレッタ金具をしっかり縫い留めます。

完成品を裏から見たところです。縫い留めたところがわかるよう、目立つ色の糸を使っています。実際に作るときは、目立たない色の糸を使用してください。

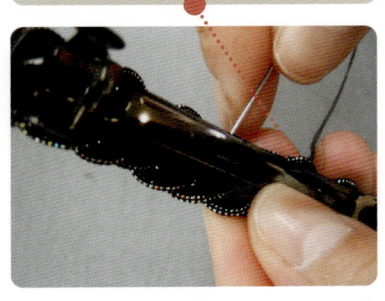

10 バレッタの中心も3～5ヶ所縫い留めると、よりしっかりします。これで完成です。

組みひも

アドバイス

結んだひもを縫うには、少し力がいります。指の力が弱い人や指が痛い人は、平ペンチで針を抜くようにすれば指も痛くないし、安全です。

※以降のページの組みひもを使用した作品を作るときも、同じようにして下さい。

Lesson 2 淡路結び横連続のロングネックレス

■ 材料
・組みひも／太さ1.5mm…3.5m
・組みひもの色に合う色の手芸用糸…適量
・ベネチアンビーズ／丸（トンド）8mm…3～4色を計20個

■ 道具
針、はさみ、手芸用ボンド、平ペンチ*

＊＝必要に応じて使用

図Ⅰ 淡路結びの結び方 ▶▶ 詳しくはP82へ

図Ⅱ 淡路結び横連続の結び方 ▶▶ 詳しくはP82へ

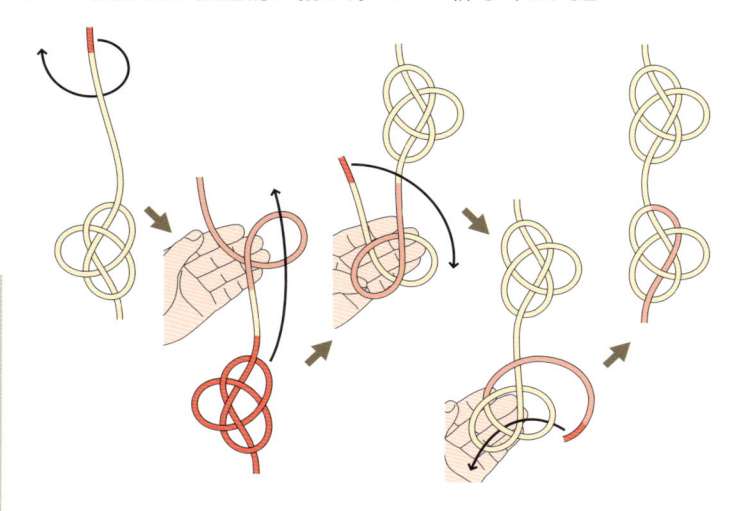

Aさんの場合　Bさんの場合

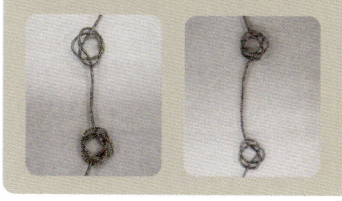

結び具合によって、輪の向きが左の写真のように異なります。ひとそれぞれの指の動きによるもので、この作品の場合は仕上がりには問題はありません。

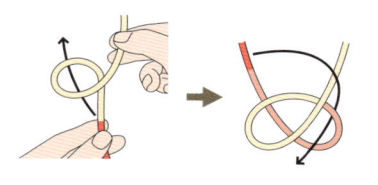

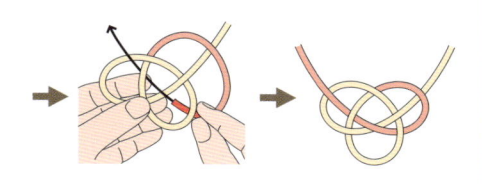

1 まず、図Ⅰの手順に沿って1個目の淡路結びをし、横にします。

2 図Ⅱの手順に沿って、横に連続して全部で19個の淡路結びを結んでいきます。結びと結びの間隔は、8～9cmになるようにします。ひもが長いので、端から結んでいくより、中心から左右に結んでいく方がやりやすいです。最後にひもの両端で20個目の淡路結びを結ぶので、両端はそれぞれ10cmぐらい残しておきます。

できあがりサイズ ▶ 約160cm

3 20個目の淡路結びをする
（1本のひもをネックレスにするための処理）

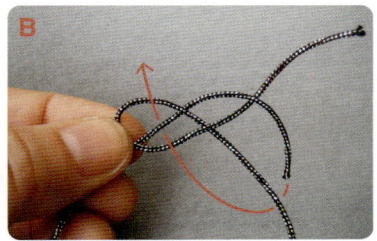

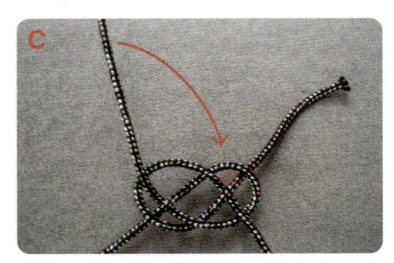

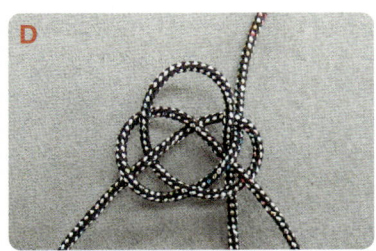

A

B

C

D

E

19個目まで結び終えたら、2本のひもの両端で、写真A〜Dの手順で20個目の淡路結びをします。
Eの写真のようなネックレスの形になることを確認してください。

アドバイス

使用するビーズの色を3〜4色に抑えた方が、洗練された雰囲気の作品になります。ネックレスを二連にしたときのビーズの色の重なりを考えながら、配色をしましょう。

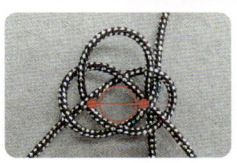

切る

4 3で作った20個目の結びの中心（写真の○印の位置）に、2本取りの糸でビーズを縫いつけます。ビーズをつけたら余ったひもを切り、切り口にはほつれ防止のため、ボンドをつけます。

アドバイス

ビーズをひもに縫いつけるときは、糸目が表に出ないように縫いましょう。右の写真は見本として目立つ色の糸を使用していますが、ひもと同じ色の糸を使用しても、表に糸目がはっきり見えてしまうと、きれいな仕上がりにはなりません。

これはダメ

5 残りの19個の結びにビーズをつける

※ 以降のページの組みひもを使用した作品でも、**B→C**の手順で結び目にビーズを縫いつけます。

A

各結びの中央（写真の○印の位置）に、ビーズをはめます。

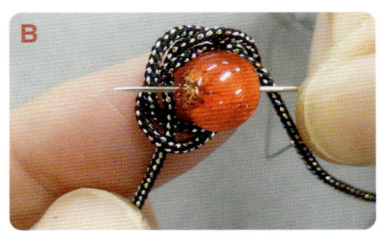

B

2本取りの糸で2〜3度往復し、ビーズをしっかり縫いつけます。

C

ビーズをしっかり縫いつけたら、余り糸と留め玉を切ります。糸がまったく見えなくなり、きれいに仕上がります。A〜Cの手順で残りのビーズをつけて完成です。

組みひも

Lesson 3 桃結びのピン・ブローチ

■材料
- 組みひも／太さ2mm…33cm（A）
- 組みひも／太さ1mm…27cmを色違いで2本（B）
- 組みひもの色に合う色の手芸用糸…適量
- ベネチアンビーズ／丸（トンド）6mm…1個
- ベネチアンビーズ／葉型（エリカ）1.4×1cm…1個
- ハットピン（頭に輪がついているもの）／6.3cm…1個
- あずきチェーン…1cm
- Tピン／2cm…1本
- Cカン…1個

■道具
針、はさみ、手芸用ボンド、ピンセット*、平ペンチ*

＊＝必要に応じて使用

図1　桃結びの結び方　▶▶　詳しくはP83へ

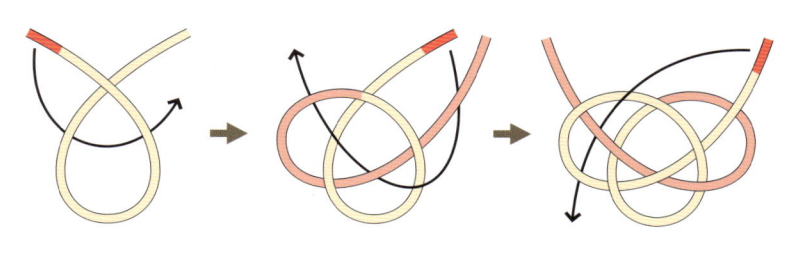

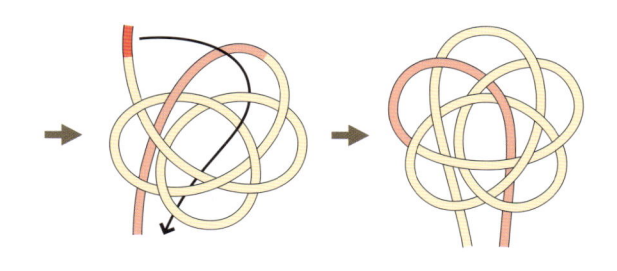

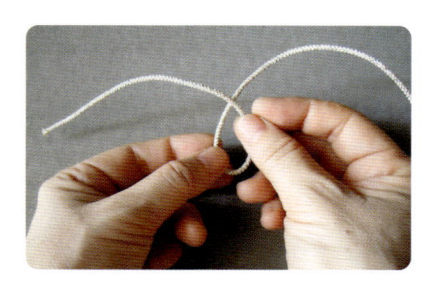

1 図1の手順に沿って、ひもAで桃結びをします。ひもの両端にはボンドをつけて、ほつれを防止しておきます。ひもの両端を切らずに残しておくデザインなので、ひもの端のほつれ防止にはセロハンテープではなくボンドを使います。

2 桃結びができたところです。小さすぎると、3でひもBを添わせにくくなるので、ゆったり結びましょう。

※ 写真3〜10では、わかりやすくするためにひもBの色を作品とは違う色にしています。

3 2でできた桃結びの内側に、1本目のひもBを添わせていきます。ピンセットを使うとやりやすいです。

| できあがりサイズ ▶ 約2.5×8cm | 基礎&仕上げテクニック ▶ P90 |

4 2本目のひもBを1本目のひもBの内側に添わせていきます。合計3本のひもによる桃結びが完成しました。

7 ひもAは2本とも内側へ巻き込み、表に出てこないように裏側へ縫いつけます。

5 桃結びの中心にビーズを縫いつけます（P23の5-B、C参照）。

8 ハットピンのキャップをはずして結びモチーフに差し、輪を糸で縫い留めます。

> **アドバイス**
> ハットピンのキャップは、指で押さえながら引っぱると抜けます。結びにピンを差したらキャップをし、怪我をしないように注意しましょう。

6 裏に返し、裏に出ているひもB 4本をまとめて縫い、余りを切ります。

9 葉型のビーズにTピンを通して先を丸め、開いてチェーンとつなぎます。Cカンを開いてチェーンとハットピンの頭の輪につなぎます（P90参照）。

表

裏

10 最後に表と裏をよく見て、結びの形を整えたら完成です。

組みひも

Lesson 4 裏菊結びのブローチ

■材料
- 組みひも／太さ2mm…170cm
- 組みひもの色に合う色の手芸用糸…適量
- ベネチアンビーズ／トンド（丸）8mm…1個
- ベネチアンビーズ／葉型（エリカ）1.8×1.2cm…1個
- ブローチ金具／横2.5cm…1個
- Tピン／2.5cm…1本

■道具
針、はさみ、手芸用ボンド、ピンセット*、平ペンチ*

＊＝必要に応じて使用

図1　**裏菊結びの結び方**　▶▶　詳しくはP86へ

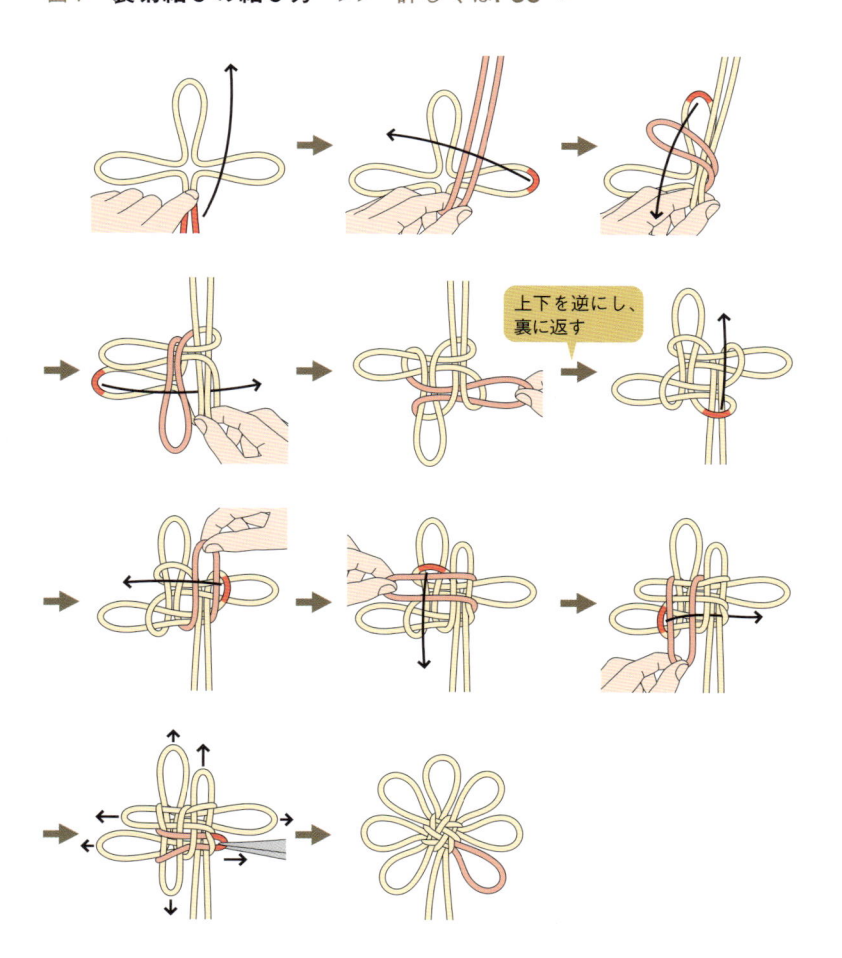

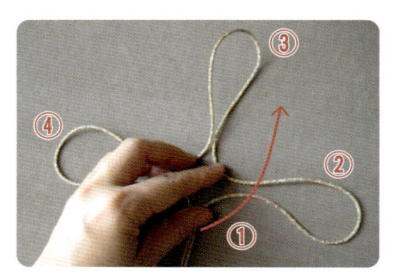

上下を逆にし、裏に返す

1 縦の長さ約9cmの輪を3つ作り、手で押さえながら①の2本を右上にあげます。

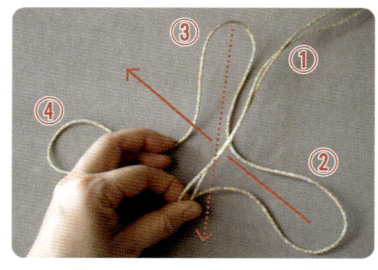

2 ②の輪を左上に倒し、③の輪を下におろします。

3 ④の輪を、上にあげた①の2本の下から引き出します。

| できあがりサイズ ▶ 約9.5×14cm | 基礎&仕上げテクニック ▶ P90 |

4 このように、形を整えます。

5 4を上下を逆さにし、裏に返します。内側の①〜④の4つの輪を大きくすると以降の作業がやりやすくなります。

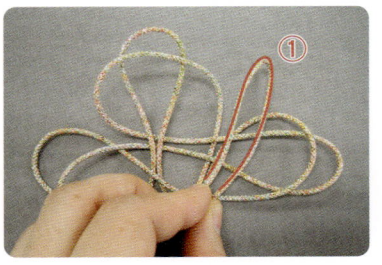

6 ①の輪を上にあげます。

7 ②の輪を左上に倒します。

8 ③の輪を下におろします。

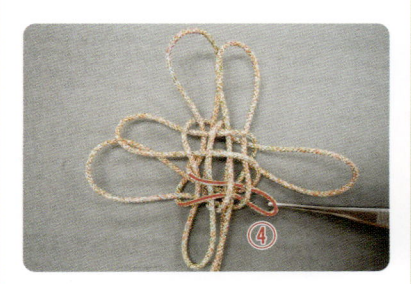

9 ④の輪を、上にあげた2本の下から引き出します。やりにくいときは、ピンセットを使います。

10 裏菊結びが完成しました。

11 結びの中心にビーズを縫いつけます（P23の5-B、C参照）。ビーズが裏側に落ち込まないように、結び目を引き締めながら縫いましょう。

12 裏にブローチ金具を縫いつけます。

13 ところどころで輪と輪を縫いつけると、きれいな花の形が保てます。

14 右側に出ている2本のひもの先は、ほつれ防止にボンドをつけ、ボンドが乾いたらうず巻き状にして縫いつけます。
ひもが長すぎるときは、ボンドをつける前に適当な長さに切ってください。

15 14で作ったうず巻きの1つに、葉型のビーズをTピンでぶら下げれば完成です（P90参照）。

組みひも

Lesson 5 裏梅結びのブローチ

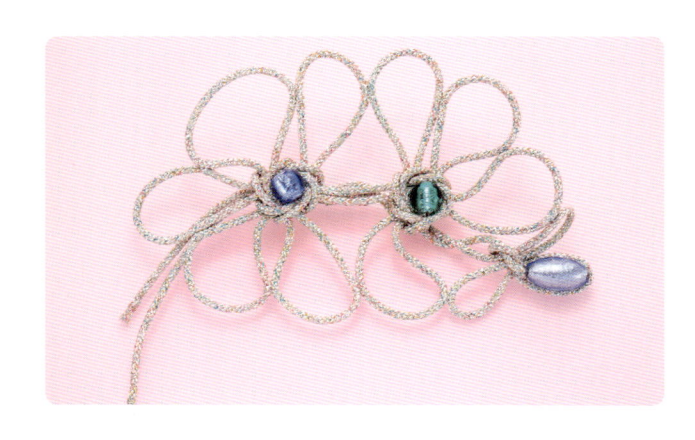

■材料
- 組みひも／太さ2mm…170cm
- 組みひもの色に合う色の手芸用糸…適量
- ベネチアンビーズ／トンド（丸）8mm…2個
- ベネチアンビーズ／オリーブ型（オリーバ） 1.6cm×8mm…1個
- ブローチ金具／横3cm…1個

■道具
針、はさみ、手芸用ボンド、平ペンチ*

＊＝必要に応じて使用

図1 **裏梅結びの結び方** ▶▶ 詳しくはP85へ

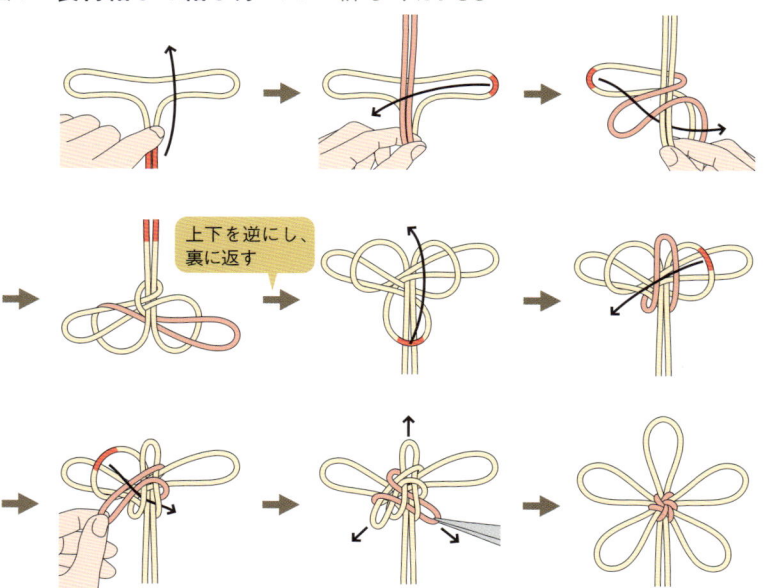

3 A→Bの順で、矢印の方向に1で作った結びを通します。通すときに、どうしても1の結びの形がくずれますが、ほどけないよう、押さえながら通して下さい。

1 図1の手順に沿って、170cmのひものまん中あたりで裏梅結びをします。花びらにあたる輪の縦の長さは、3cmぐらいにしてください。

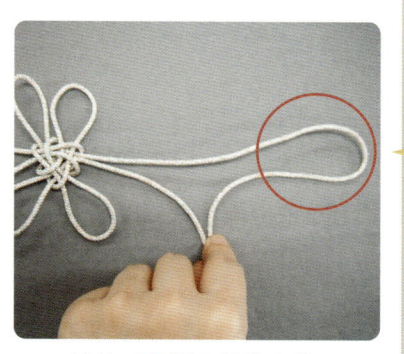

2 続けて○印の部分を使って、もう1つ裏梅結びをします。

アドバイス
実際は、左側に1でした結びがありますが、下の写真のような結びがない状態のつもりで作業をすると、やりやすいです。

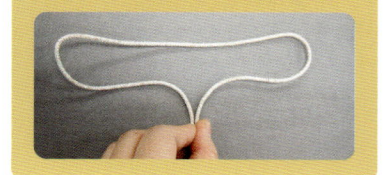

できあがりサイズ ▶ 約7×11.5cm

4 輪に**1**の結びが通ったところです。結びの形を整えます。

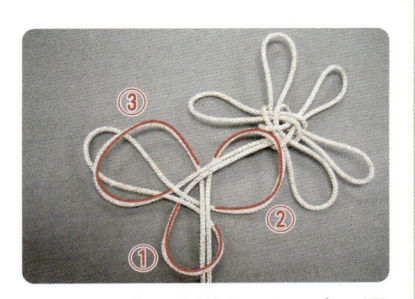

5 **4**の上下を逆さにし、裏に返します。内側の①～③の輪を大きく広げます。

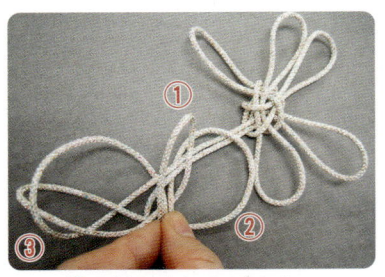

6 ①の輪を上にあげます。

7 ②の輪を左上に倒し、③の輪を上にあげた2本の①の下から引き抜きます。

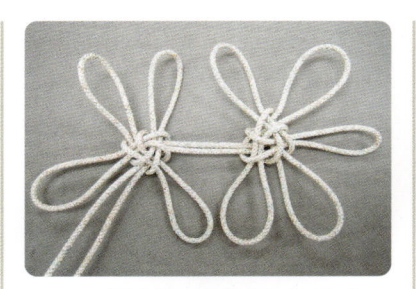

8 2個連続の裏梅結びが完成しました。

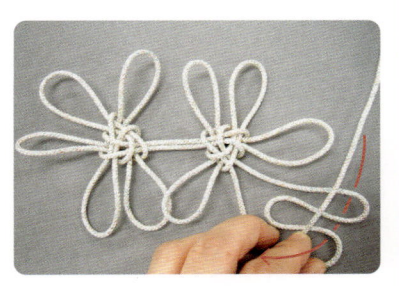

9 裏に返し、右側のひもで図Ⅱの手順で竹結びをし、つぼみを作ります。つぼみを左側に作る場合は、裏返しません。

図Ⅱ **竹結びの結び方**

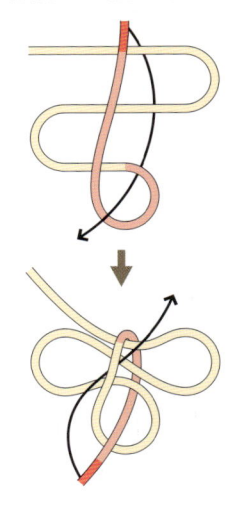

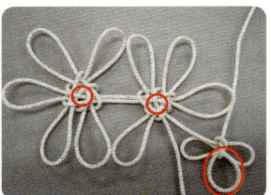

10 2つの花とつぼみができました。花の中心とつぼみ（○印の部分）にビーズを縫いつけます（P23の**5-B**、**C**参照）。

11 ①②のひもを横に流して縫いつけ、茎に見立てます。ひもの先には、ほつれ防止にボンドをつけておきます。縫いつける位置は、P28の作品の写真を参考にしてください。

12 全体のバランスを見て、花びらにあたる輪と輪をところどころ縫いつけ、きれいな花の形に仕上げます。

13 裏にブローチ金具を縫いつければ完成です。

組みひも

Lesson 6 けさ結びのネックレス

■材料
- 組みひも／太さ1mm…2mを3本
- 組みひもの色に合う色の手芸用糸…適量
- ベネチアンビーズ／丸（トンド）8mm…1個
- ベネチアンビーズ（長さ3～4cmで重みのあるもの）…1個
- ベネチアンビーズ（お好みのものを）…10個
- Tピン／4～5cm…1本

■道具
針、はさみ、手芸用ボンド、平ペンチ*

＊＝必要に応じて使用

図I　けさ結びの結び方 ▶▶ 詳しくはP83へ

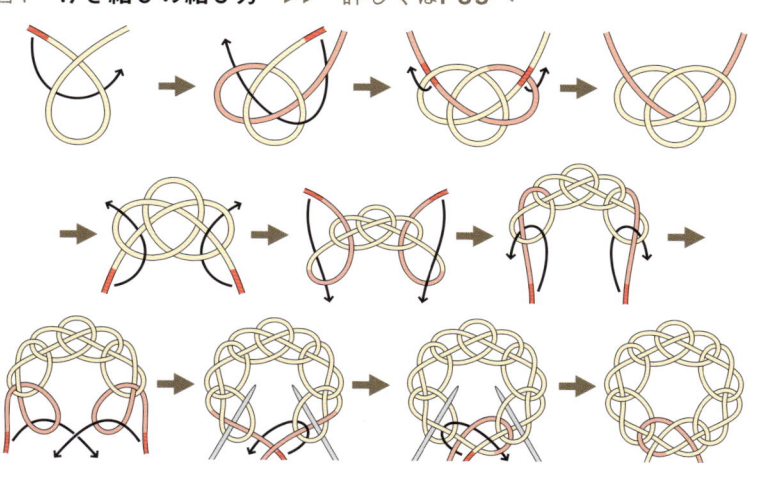

1 1本目のひものまん中あたりで、図Iの手順に沿ってけさ結びをします。

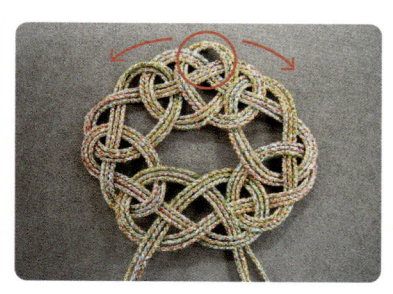

2 1で作ったけさ結びに、残りの2本のひもを添わせます。添わせ終わったら、矢印の方向に左右に引いて結び目を引き締め、結び全体のサイズを縮めます。

3 けさ結びの中心に8mm丸ビーズを縫いつけます（P23の5-B、C参照）。

4 3本のひもを内側から順に交差させます。

アドバイス
○印の部分を押さえ、矢印の方向へ引くと、左右のバランスが崩れません。

| できあがりサイズ ▶ P93 | 基礎&仕上げテクニック ▶ P90-92 |

5 左を図II-A、右を図II-Bで①→②→③→④→①→②の順に平結びをします。

※ **5**～**9** の「平結び（基本、ねじり）」についての詳しい説明はP88、89にあります。

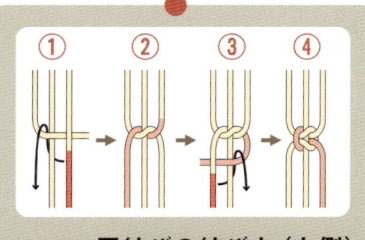

図II-A 平結びの結び方（左側）

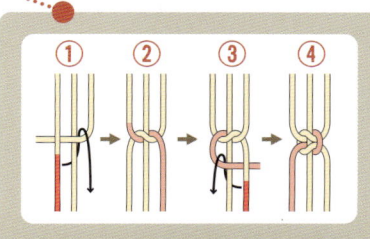

図II-B 平結びの結び方（右側）

6 **5** でした結びの下に3本ずつひもが出ているので、まん中のひもにビーズを通します。ビーズを通したら、再び **5** と同じように左右のひもを結びます。

7 **6** の結びから2～3cmほど間隔をとり、**6** の作業をくり返して次のビーズをつけます。このくり返しで10個のビーズをつけます。

約3cm

8 10個のビーズをつけ終わったら、左右ともに適当な間隔をとって、左を図II-A、右を図II-Bの①→②→①→②をくり返し、3cmほどの平結びをします。くり返すことで自然にねじれます。

結ぶ

9 左右ともに3本のまん中のひもが長く残るので、切ります。切ったひものうちの1本で、左右をまとめた6本をたばね、ひと結びにし、図II-AかBの手順で9cmほどの平結びにします。

アドバイス

平らなビーズの下に平結びをするときは、ひもがビーズの中心にかかるようにして、きつく結んでください。
ビーズのまわりにひもをかけて平結びをすると、ひもがビーズからはずれたときに、結びがゆるんでしまいます。

○　　　× これはダメ

図III **5**～**11**の流れ

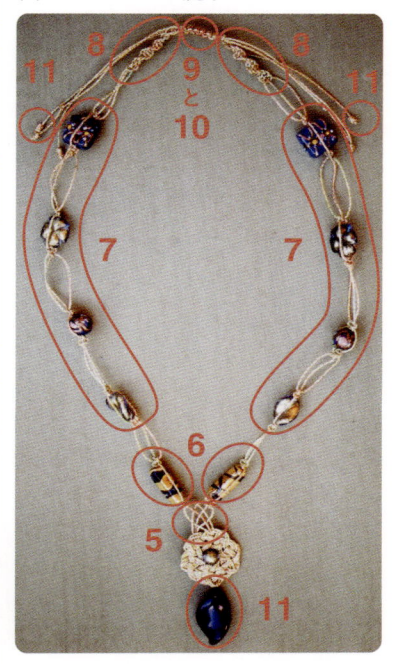

※ **5**～**11**の作業はこの写真を見ながら行ってください。

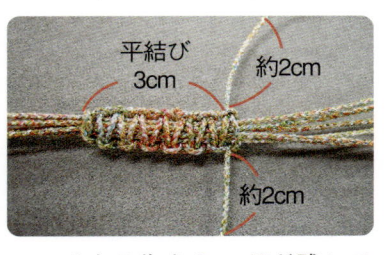

平結び3cm　約2cm　約2cm

10 ひもの先を2cmほど残して切り、**9** で作った平結びの中に入れ込み、ほどけてこないようにします。

11 コイル巻（P92参照）をして、ひもの先端にボンドをつけます。最後にけさ結びのモチーフにビーズを垂らして完成です（P90参照）。

組みひも

Lesson 7 梅結びの花ネックレス

■材料

結びモチーフ
- アーティスティックワイヤー／太さ0.5mm（24号）…22cmを2本
- ベネチアンビーズ／メロン型（メローネ）1×0.8cm …1個
- ベネチアンビーズ／オリーブ型（オリーバ）1.6×0.8cm…1個
- Tピン／2.5cm…1本
- 9ピン／2.5cm（ワイヤーで代用可）…1本

首周り
- ボールチェーン…40cm
- Vカップ…2個
- Cカン…2個
- 引き輪とアジャスター…1組

■道具

平ペンチ、丸ペンチ、ニッパー、目打ち

図I　梅結びの結び方　▶▶　詳しくはP84へ

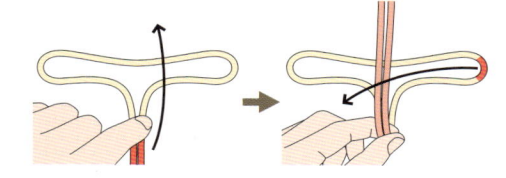

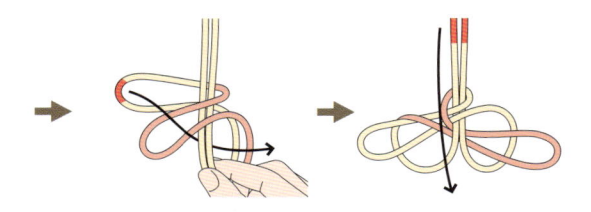

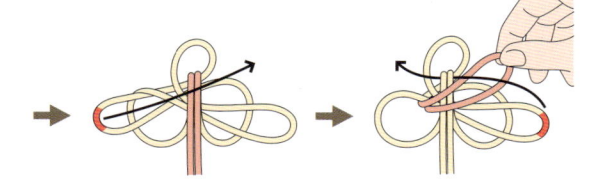

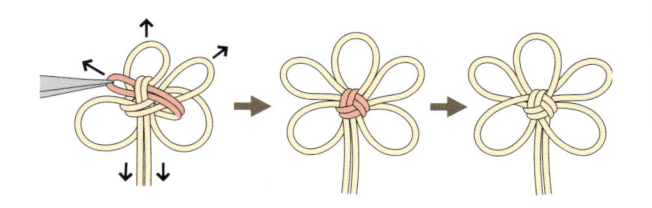

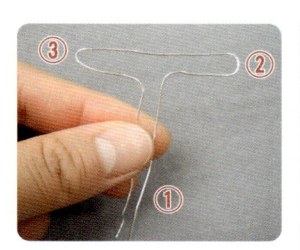

1 このようにワイヤーを形づくります（下の2本を①とします）。

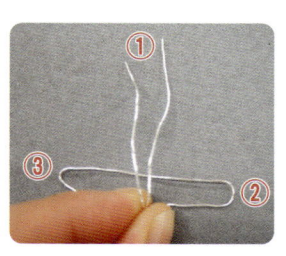

2 ①を上にあげます。

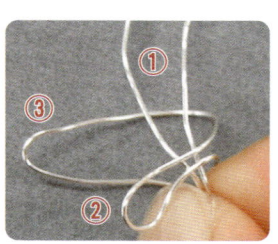

3 ②の輪を左下におろします。

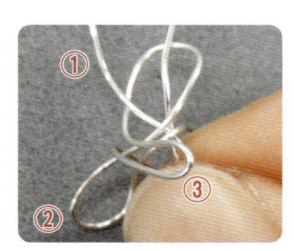

4 ③の輪を①の下から引き出します。やりにくいときは、ペンチを使用してください。

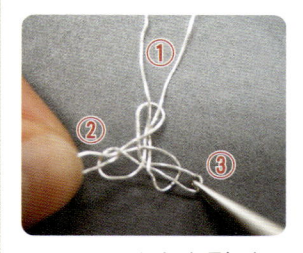

5 このような形ができます。

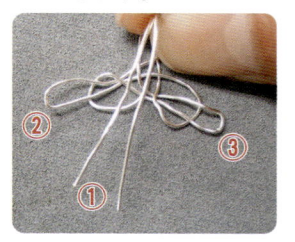

6 ①を下におろします。

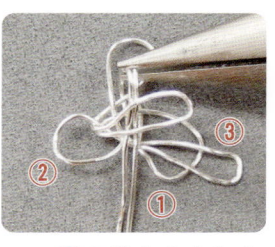

| できあがりサイズ ▶ P93 | 基礎&仕上げテクニック ▶ P90-91 |

7 ②の輪を右上にあげます。

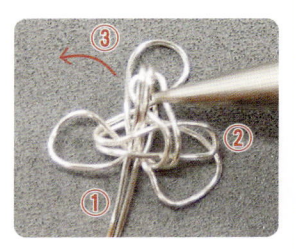

8 ③の輪を、下におろした①の下から引き出します。

アドバイス
ペンチでワイヤーをはさんで引っぱると、ワイヤーに傷がつきます。9では輪の中にペンチを入れ、外に押すようにして、きれいな丸みを作ります。

9 裏に返して、梅結びが完成です。花びらにあたる5つの輪の大きさをそろえます。

10 丸ペンチで、花びらにあたる5つの輪を梅の花びらのような形にします。

11 花びらの形が完成しました。

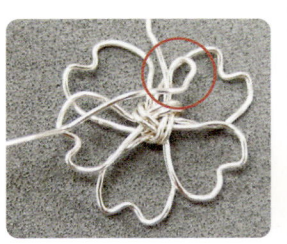

12 裏に返し、裏側の片方の線を曲げます。

13 12で曲げた部分を縦に向けます。

14 13で縦にした部分を、もう一方の線で下から上に2〜3回きつく巻き、余りを切ります。

15 14でそのままにしておいた下の線は、1.5cmほど残して切り、ペンチで内側に巻きます。

アドバイス
17でピンを曲げるときは、ピンをそらしながら、前に巻くように曲げるときれいに仕上がります。下の写真のようにきれいな丸を作ります。

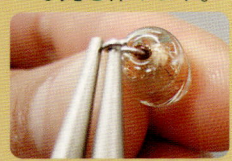

○ × これはダメ

16 花のモチーフが完成しました。これを2つ作ります。

縦 横

ビーズAにつける9ピンの輪は、上は縦向きに、下は横向きにします。こうしないと花のモチーフとビーズがまっすぐに垂れないので、気をつけましょう。

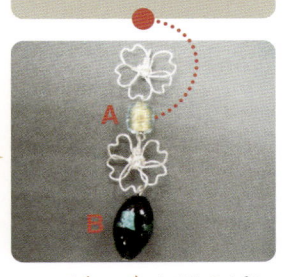

17 ビーズAには9ピン（ワイヤーで代用する場合はP35「アドバイス」参照）を、ビーズBにはTピンをつけ、花のモチーフとビーズをつなぎます（P90参照）。

18 17でできた花のモチーフにボールチェーンをつけます（P90〜91参照）。

ワイヤー

33

8 梅結びの蝶ブレスレット

■材料
- アーティスティックワイヤー／
  太さ0.5mm（24号）…27cmを3本
- アーティスティックワイヤー／太さ0.5mm
  （24号）…25cm（9ピン8本分）
- ベネチアンビーズ／スキッサ
  （平丸）1〜1.3cm…8個
- マグネットホック…1組

■道具
平ペンチ、丸ペンチ、ニッパー、目打ち

1〜10はP32「図I 梅結びの結び方」を参考にしながら制作して下さい。

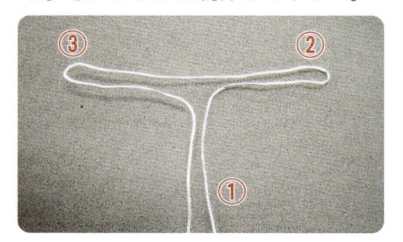

1 このようにワイヤーを形づくります。

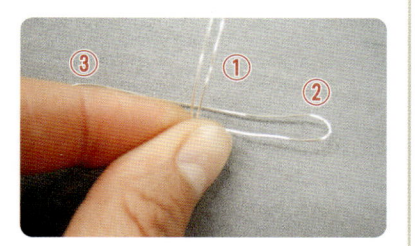

2 ①の2本を上にあげます。

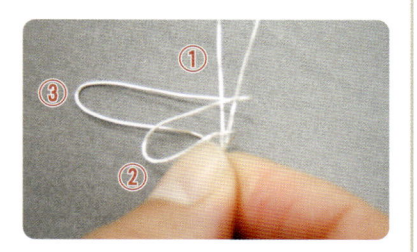

3 ②の輪を左下におろします。

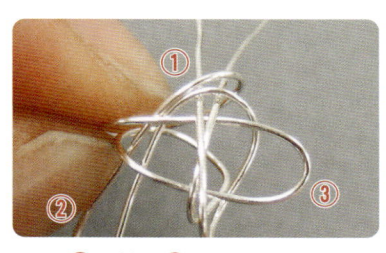

4 ③の輪を①の下から引き出します。やりにくいときは、ペンチを使用してください。

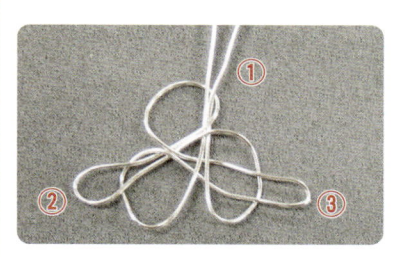

5 このような形ができます。

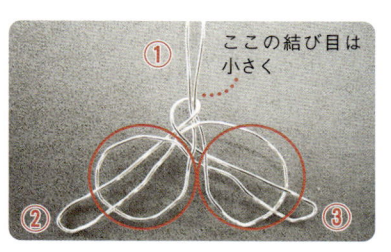

6 ○印の2つの輪を大きくします。これらはあとで蝶の上の羽になります。（ここの結び目は小さく）

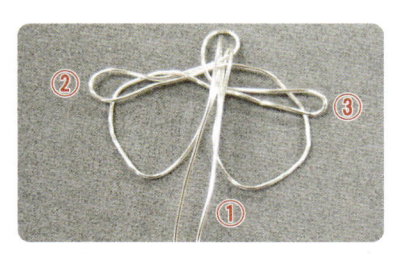

7 ①の2本を下におろします。

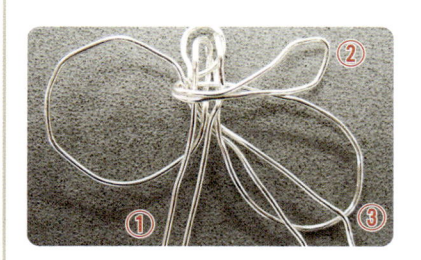

8 ②の輪を右上にあげます。

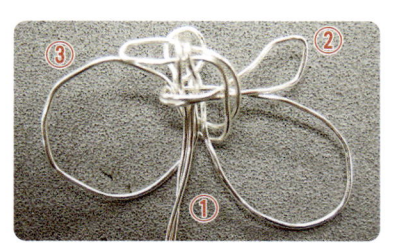

9 ③の輪を、下におろした①の下から引き出します。

| できあがりサイズ ▶ 約21cm | 基礎＆仕上げテクニック ▶ P90 |

10 9を上下を逆さにし、裏に返します。梅結びのアレンジで、蝶の形ができました。

11 丸ペンチで、蝶の羽にあたる4つの輪にくぼみをつけ、蝶の羽らしくします。

12 矢印の方向に丸ペンチを動かし、小さい輪を作り、触覚を作ります。穴の形を整えるときは、目打ちを使います。

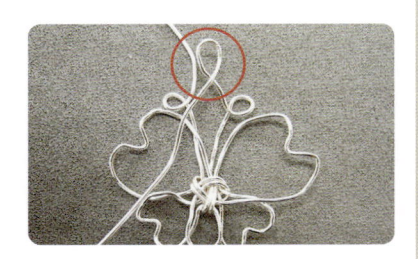

13 12で作った触角の上の一方のワイヤーを曲げ、○印の部分に輪を作ります。

14 13で作った輪を、もう一方のワイヤーで2〜3回しっかりと巻きます。輪を作った方のワイヤーは、1.2cmほど残して切ります。

1.2cmに切る　巻く

15 14で巻きつけた部分の余りを、巻きつけた部分の根元から切ります。

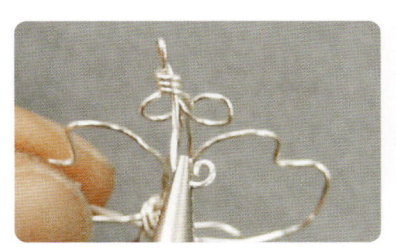

16 14で1.2cmに切ったワイヤーを、丸ペンチで内側に巻きます。

17 1つ目の蝶のモチーフができました。これを3つ作ります。

アドバイス

9ピンを使わなくても、つなぎ用のビーズのパーツが作れます。ビーズの直径＋1.6cmのワイヤーを用意し、ビーズに通して曲げます。曲げ方はP33「アドバイス」参照。

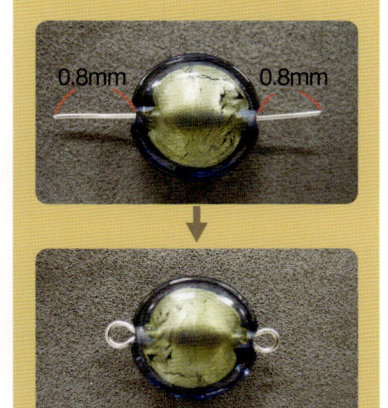

0.8mm　0.8mm

18 「アドバイス」を参照し、ビーズにワイヤーを通し、8つのパーツを作ります。

19 3つの蝶のモチーフと8つのビーズのパーツをつなぎます。ビーズのパーツの9ピンの輪を少し開き、蝶のモチーフの輪に直接つなぎます。マグネットホックも同じようにつなぎます（P90参照）。

ワイヤー

35

Lesson

9 竹結びのピアス/イヤリング

※この作品は、フレンチ・フックの金具を使用したピアスです。

■材料
- アーティスティックワイヤー／太さ0.5mm（24号）…20cmを2本（A）
- アーティスティックワイヤー／太さ0.3mm（28号）…20cmを2本（B）
- ベネチアンビーズ／トンド（丸）6mm…3色セットを2組（計6個）
- ピアスかイヤリングの金具…1組
- Cカン…2個（ピアス、イヤリングの金具の形状によっては不要）

■道具
平ペンチ、丸ペンチ、ニッパー、目打ち

図1　竹結びの結び方　▶▶　詳しくはP84へ

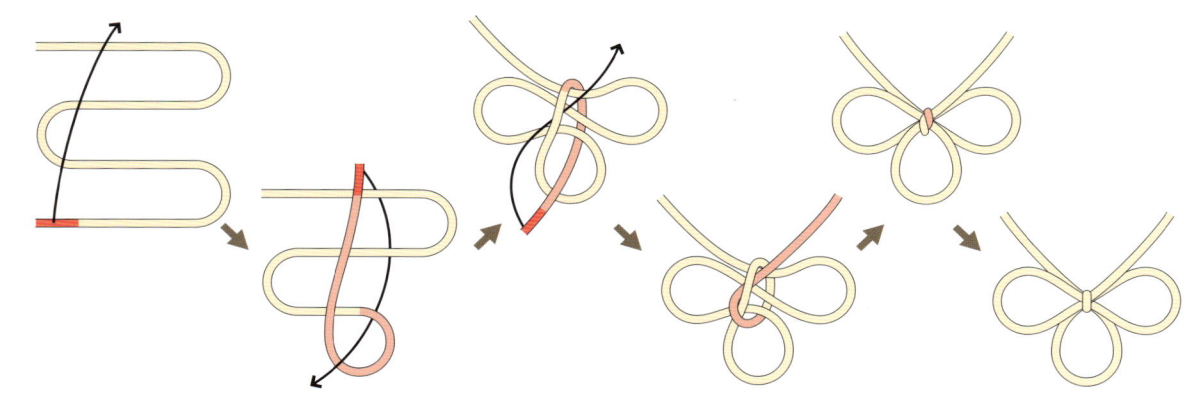

1 図1の手順に沿って、ビーズの大きさに合わせてワイヤーAで竹結びをします。
①～③の順でビーズをつけると、輪の大きさを修正しながらビーズがつけられます。

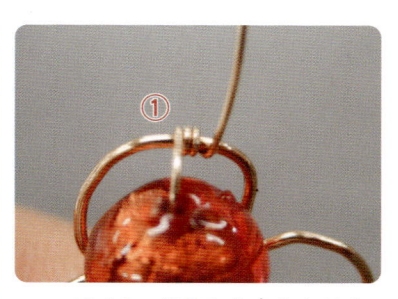

2 ワイヤーBのまん中あたりを、1の輪①（○印）に3回巻き、ワイヤーBの両端をビーズに通します。

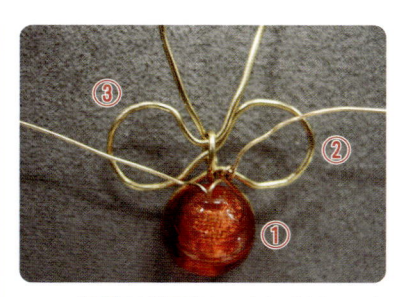

3 輪①の根元に、右に出たワイヤーBを1回巻き、輪②の根元にも1回巻きつけ、ビーズをつける準備をします。

| できあがりサイズ ▶ 約1.2×1.2cm | 基礎&仕上げテクニック ▶ **P92** |

4 ワイヤーBにビーズを通し、輪②（○印）に3回巻きつけたら、再びビーズに通し、②の輪の根元に1回巻きます。

5 輪③にも**4**の方法でビーズをつけ、ワイヤーの余りを切ります。切ったワイヤーの先は、目打ちで結び目の奥に入れ込みます（**2**〜**5**は図Ⅱ参照）。

図Ⅱ
ワイヤーBでのビーズのつけ方

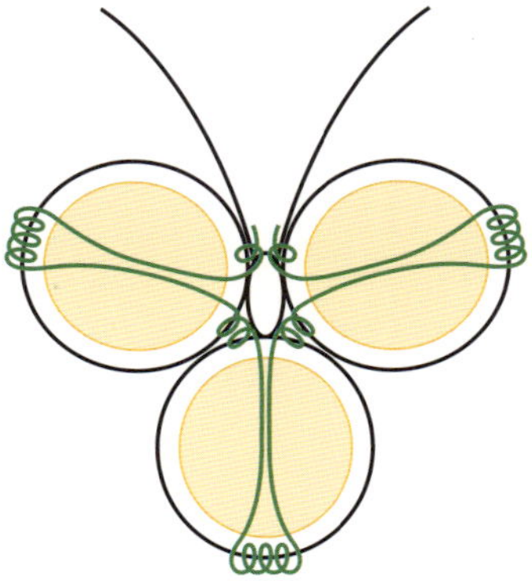

6 3つのビーズをつけ終えたところです。

7 ピアス（イヤリング）金具をつける輪を作るため、裏側の1本のワイヤーを曲げます。

8 **7**で曲げた部分を縦に向けます。

9 残ったもう1本のワイヤーで、**8**で縦にした輪の根元を3回きつく巻き、余りを切ります。

10 ここまで手つかずだった下のワイヤーを、丸ペンチで三重に巻き、ビーズとワイヤーのすき間から表に出します。

11 表に出したワイヤーを1.8cmほど残して切ります。

12 **11**のワイヤーを、丸ペンチで内側にきれいに巻きます。

13 1つ目のモチーフが完成しました。同じようにを2つ目も作ります。ピアス（イヤリング）を金具のつけます（P92参照）。

ワイヤー

Lesson 10 竹結びのネックレス

■材料

結びモチーフ
- アーティスティックワイヤー／太さ0.5mm（24号）…35cm（A）
- アーティスティックワイヤー／太さ0.3mm（28号）…25cmを3本（B）
- ベネチアンビーズ／丸（トンド）8mm…3個

首周り
- アーティスティックワイヤー／太さ0.5mm（24号）…9cm（9ピン4本分）
- ベネチアンビーズ／丸（トンド）6mm…4個
- 三つ編みチェーン…39cm
- Cカン…4個
- 引き輪とアジャスター…1組

■道具

平ペンチ、丸ペンチ、ニッパー、目打ち

図1 **竹結びの結び方** ▶▶ 詳しくはP84へ

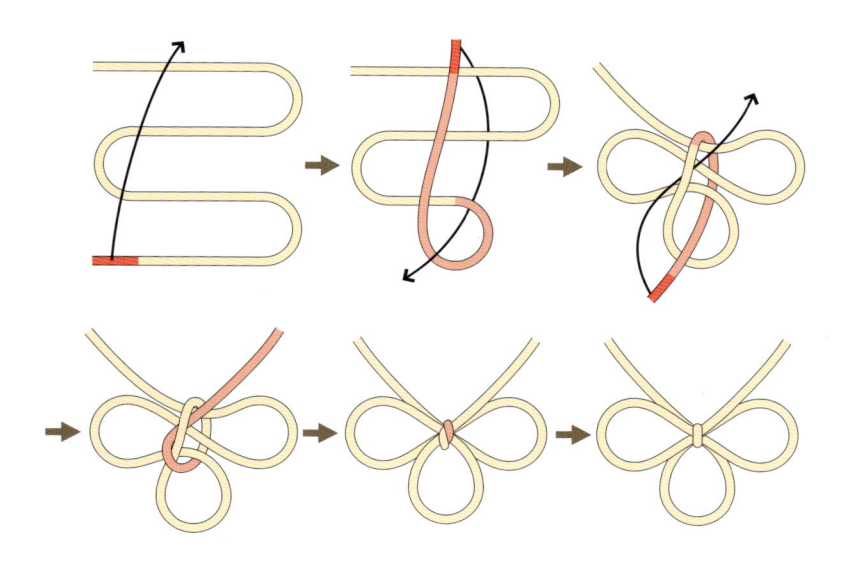

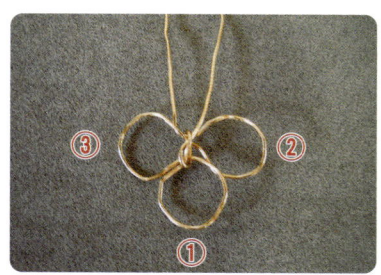

1 図1の手順に沿って、ワイヤーAでビーズの大きさに合わせて竹結びをします。
①〜③の順でビーズをつけると、輪の大きさを修正しながらビーズがつけられます。

| できあがりサイズ ▶ P93 | 基礎＆仕上げテクニック ▶ P90-91 |

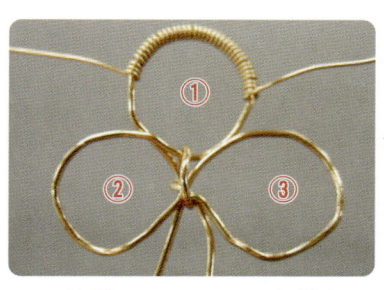

アドバイス
3〜4回巻いては指で間隔をせばめることをくり返しながら巻くと、きれいに巻けます。重ならないようにも注意を。

2 輪①にワイヤーBを巻きます。巻くのはビーズの半周分です。ワイヤーが重ならないようにしましょう。

3 2で巻いたワイヤーBの両端をビーズに通し、それぞれ逆方向に出します。

4 ビーズから出たワイヤーを輪①の残り半周分に根元まで巻きます。

5 巻き終えたら、余りを切ります。切り口が衣服などに引っかからないよう、平ペンチで押さえます。

6 1〜5の手順で、輪②と輪③にもビーズをつけます。輪②と輪③のビーズの向きは縦になります。

7 3つのビーズをつけ終えたら、3つの輪を手で中心に寄せるようにし、形を整えます。

8 上に出ている2本のワイヤーを形よく曲げます。左右対称にする必要はありません。

9 8で曲げたワイヤーをビーズ②と③に通します。

10 ビーズ②に通したワイヤーで、うず巻き状の輪を1、2個作ってからビーズ①に通し、1.5cmほど残して切ります。

11 ビーズ③に通したワイヤーも1.5cmほど残して切り、内側に巻いたら完成です。巻きの大きさをそろえない方が、動きのある仕上がりになります。チェーンの部分の作り方はP90〜91参照。

ワイヤー

Lesson 11 菊結びのネックレス

■材料

結びモチーフ
- アーティスティックワイヤー／太さ0.5mm（24号）…60cm（A）
- アーティスティックワイヤー／太さ0.3mm（28号）…35cm（B）
- ベネチアンビーズ／丸（トンド）8mm…1個
- ベネチアンビーズ／カットビーズ7mm…7個

首周り
- アーティスティックワイヤー／太さ0.5mm（24号）…5cm（9ピン2本分）
- ベネチアンビーズ／管型（チューボ）1×0.5cm…4個
- 三つ編みチェーン…40cm
- Cカン…4個
- 引き輪とアジャスター…1組

■道具

平ペンチ、丸ペンチ、ニッパー、目打ち

図1　菊結びの結び方　▶▶　詳しくはP85へ

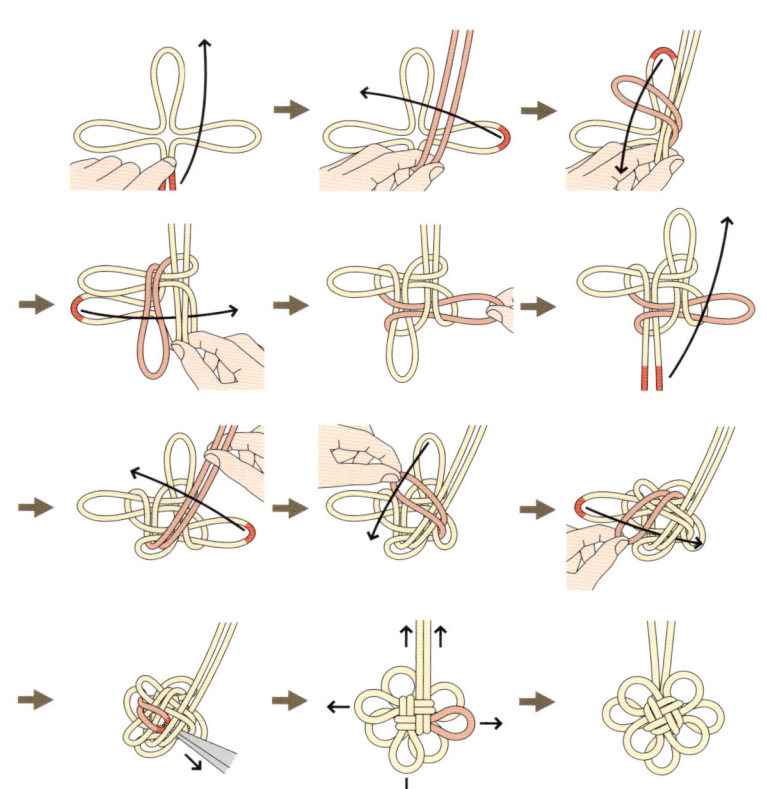

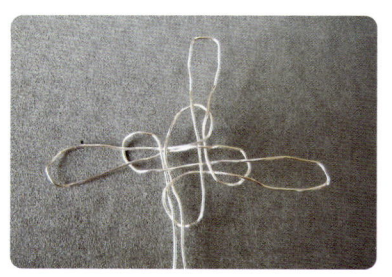

1 図1の手順に沿って、ワイヤーAで菊結びをします。ワイヤーがねじれないよう注意して下さい。

2 ビーズの大きさに合わせて、輪の形を整えて花びらのようにします。時間をかけてゆっくり行って下さい（以降、菊結びの線を「主要線」と表記します）。

| できあがりサイズ ▶ P93 | 基礎&仕上げテクニック ▶ P90-91 |

図II
ワイヤーBでのビーズのつけ方

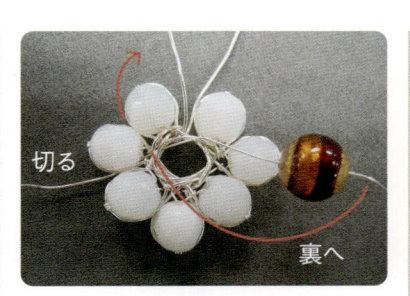

5 表に出したワイヤーBに8mm丸ビーズを通し、裏に差し入れて主要線に巻きつけ、中心に据えます。ワイヤーBの余りを切り、目打ちで奥に差し込みます。

アドバイス
8でうず巻き状の輪を作るとき、連続で作ると浮き上がってくるので、1つ作るたびに主要線に巻きつけてから、次のうずまきを作って下さい。

これはダメ

3 ワイヤーBのまん中あたりを下の輪（2の○印）に3回巻きつけ、両端をビーズに通し、輪の根元に1回巻きつけます。続けて、左右にビーズをつけていきます（図II参照）。

6 管型ビーズを左右（□印の位置）につけます。ビーズをつける前にうず巻き状の輪を作ることで、動きのある作品になります。

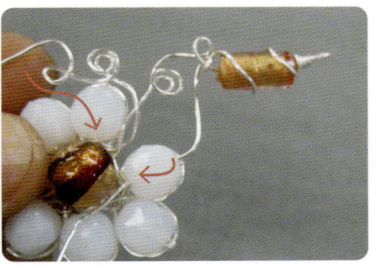

8 7のワイヤーの先端を上の2つのビーズの穴に差し込み、主要線に巻きつけてから、中心のビーズのまわりにうず巻き状の輪を作り、装飾していきます。

4 全部で7個のビーズをつけたら、ワイヤーBの余りを1本だけ残して切ってください。残したワイヤーBは表に出します。

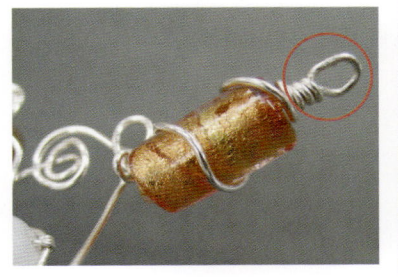

7 6でビーズを通したワイヤーで、チェーンをつけるための輪（○印）を作ります。輪の根元にワイヤーを3回ほど巻き、ビーズにバランスよく巻きつけて下におろします。

9 花のモチーフが完成したところです。チェーンの部分の作り方はP90〜91参照。

ワイヤー

41

Lesson 12 釈迦結びのピアス／イヤリング

■材料
- アーティスティックワイヤー／太さ0.5mm（24号）
  …20cmを2本
- ベネチアンビーズ／オリーブ型（オリーバ）
  1.6×0.8cm…2個
- Tピン…5〜5.5cmを1本
  （使用するビーズの3倍以上の長さのものであること）
- ピアスかイヤリングの金具…1組
- Cカン…2個
  （ピアス、イヤリングの金具の形状によっては不要）

■道具
平ペンチ、丸ペンチ、ニッパー、目打ち

※この作品はアメリカン・フックの金具を使用したピアスです。

図I 釈迦結びの結び方
▶▶ 詳しくはP87へ

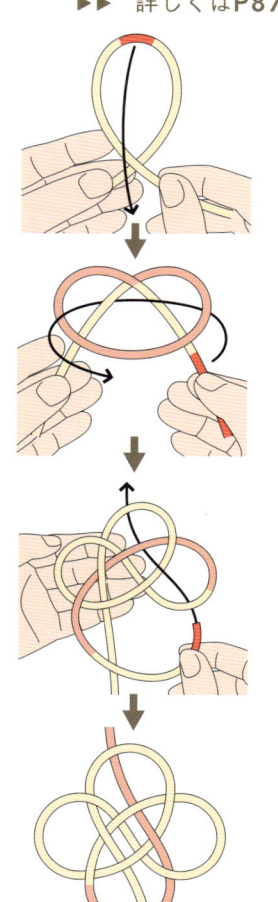

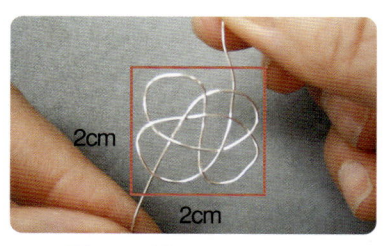

1 図Iの手順で、縦、横ともに約2cmの大きさになるよう、釈迦結びをします（以降、釈迦結びの線を「主要線」と表記します）。

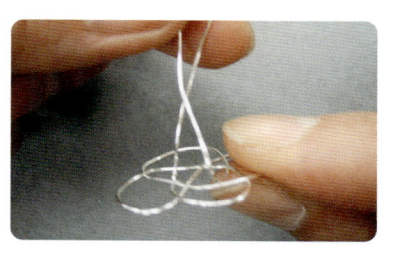

2 指に持った2本の線を上にあげます。

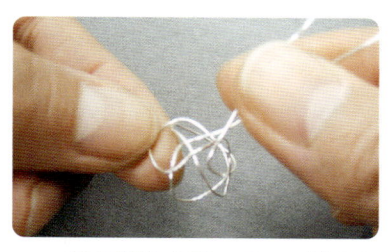

3 輪の部分を折って、つぼみのように丸くします。

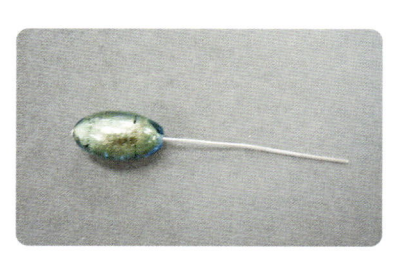

4 ビーズにTピンを通します。Tピンが細すぎると、ピンの頭の部分がビーズ穴を通り抜けてしまうので、ピンの太さには気をつけて下さい。

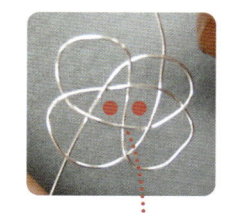

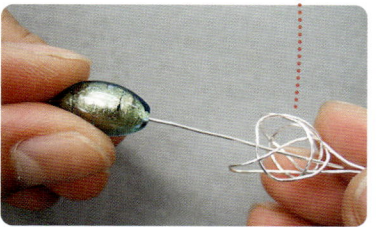

5 ビーズを持ち、Tピンの先を結びの中央（●印のどちらか）に差し込みます。

| できあがりサイズ ▶ 約1×2.5cm | 基礎&仕上げテクニック ▶ P92 |

6 結びの中央に、ビーズを差し込んだところです。ワイヤーのつぼみの中に、ビーズが入った状態です。

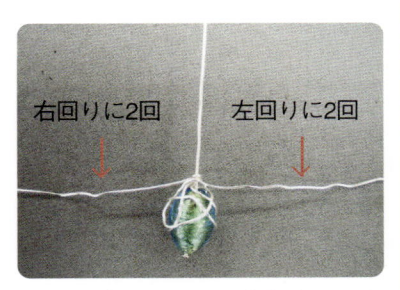

7 2本のワイヤーを左右におろし、Tピンに2回ずつ巻きます。

右回りに2回　左回りに2回

8 2本のワイヤーを巻き終えたところです。

9 Tピンで輪を作ってから、巻いた2本のワイヤーを隠すように、しっかり巻きつけます。

10 Tピンを巻き終えたところです。この時、Tピンは余らないはずですが、もし余りが出るようなら切って下さい。

11 丸ペンチを使い、残った2本のワイヤーでうず巻きを作りながら、主要線の間を装飾していきます。

アドバイス
うず巻きを作りすぎると、くどい印象になります。装飾過剰にならないよう、バランスを見ながらすっきりと仕上げましょう。

12 飾りのうず巻きが浮き上がらないよう、主要線に巻きつけながら作業をすすめます。

13 うず巻きを作り終えたら、余ったワイヤーを短く切り、主要線に巻きつけてから丸ペンチで内巻きにします。

切って巻く

13のあとに下から見て、釈迦結びがビーズの周囲を均等に装飾しているように整えると、きれいな仕上がりに。

14 1つ目のモチーフが完成しました。同じものを2つ作ります。ピアス（イヤリング）の金具をつけます（P92参照）。

ワイヤー

43

Lesson 13 梅結びの蝶ロングネックレス

■材料

結びモチーフ
- アーティスティックワイヤー／太さ0.5mm（24号）…50cm（A）、4.5cm（C：9ピン2本分）
- アーティスティックワイヤー／太さ0.3mm（28号）…30cm（B）
- ベネチアンビーズ／葉型（エリカ）1.4×1cm…3個
- ベネチアンビーズ／丸（トンド）6mm…4個
- Tピン／2.2cm…1本

首周り
- アーティスティックワイヤー／太さ0.5mm（24号）…25cm（9ピン10本分）
- ベネチアンビーズ（お好みのものを）…10個
- 三つ編みチェーン…43cm
- Cカン…4個
- 引き輪とアジャスター…1組

■道具
平ペンチ、丸ペンチ、ニッパー、目打ち

図1　梅結びの結び方 ▶▶ 詳しくはP84へ

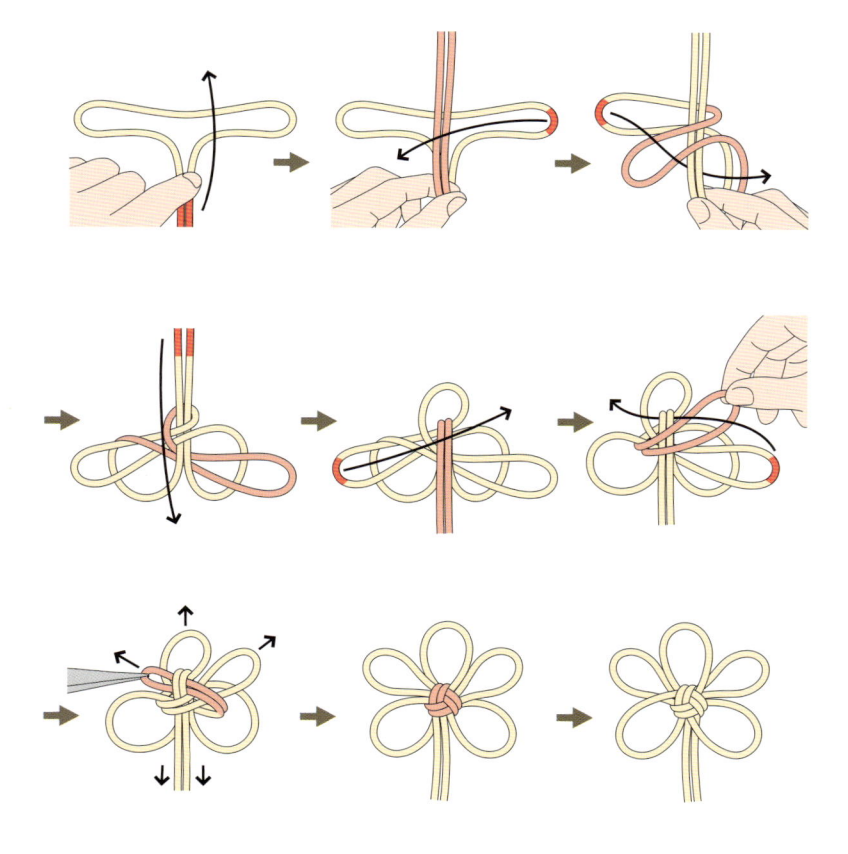

1 図1の手順に沿って、ワイヤーAで梅結びをします（以降、梅結びの線を「主要線」と表記します）。その際、○印の2つの輪を大きめに作ります。この2つの輪は蝶の4枚の羽のうちの、上の羽になります。

2 葉型ビーズと6mm丸ビーズの大きさに合わせて、ワイヤーを蝶の羽の形に整えます。

| | できあがりサイズ ▶ P94 | 基礎&仕上げテクニック ▶ P90-91 |

3 ワイヤーBのまん中あたりを蝶の下の羽の1枚にあたる輪（2の○印）に3回巻き、両端をビーズに通します。下のワイヤーを輪の根元に1回巻き、矢印のように出します。

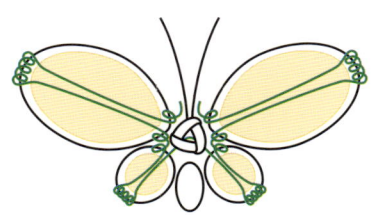

6 ビーズをつけ終えたら、ワイヤーBの余りを切ります。

9 8で切り残したワイヤーAを丸ペンチで内巻きにしたら、蝶のモチーフの完成です。

4 もう一方の下の羽の輪にまわしたワイヤーで、6mm丸ビーズをつけます。

7 2本の主要線を交差させて、蝶の触角とチェーンをつける輪を作ります。

チェーンをつける輪

アドバイス
首周りに使う10個のビーズは、いろいろな形のものを選ぶと、見て楽しめる作品ができますが、蝶のモチーフが映えるように、大きさや色は抑えましょう。

5 上に出ている2本のワイヤーで葉型ビーズをつけます（3〜5は図Ⅱ参照）。

図Ⅱ **ワイヤーBでのビーズのつけ方**

8 蝶の上の羽のビーズの穴にワイヤーAを通し、羽の根元の主要線に巻きつけ、しっかり固定させます。ワイヤーAの2本の先端は各1.5cmほど残して切ります。

切る　切る

10 9で完成したモチーフに、丸ビーズにワイヤーCを通して作った2つのパーツと、葉型ビーズにTピンを通したパーツをつなぎます。チェーンの部分の作り方はP90〜91参照。

ワイヤー

45

Lesson 14 木瓜結びの三花ネックレス

■ 材料

結びモチーフ
- アーティスティックワイヤー／太さ0.5mm（24号）
  …25cmを3本（A）
- アーティスティックワイヤー／太さ0.3mm（28号）
  …20cmを3本（B）
- ベネチアンビーズ／丸（トンド）6mm
  …4色セットを3組（計12個）
- Cカン…2個

首周り
- ボールチェーン…40cm
- Vカップ…2個
- Cカン…2個
- 引き輪とアジャスター…1組

■ 道具

平ペンチ、丸ペンチ、ニッパー、目打ち

図1 **木瓜結びの結び方**
▶▶ 詳しくはP87へ

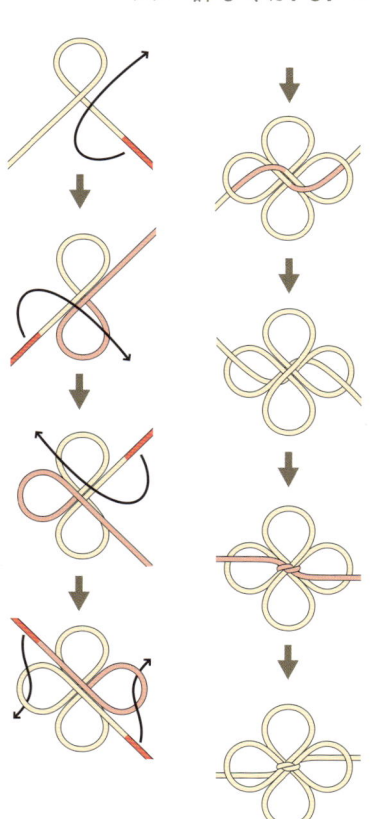

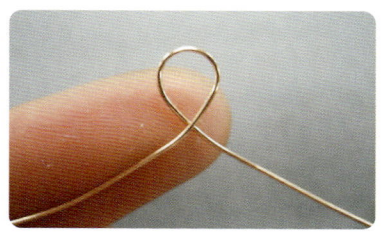

1 図1の手順に沿って、ワイヤーAで木瓜結びをします。まず、このように輪を作ります。

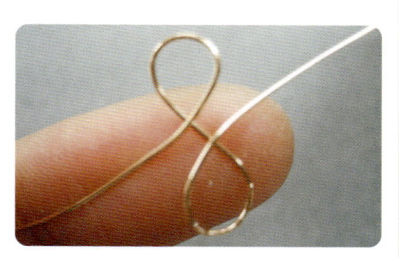

2 下にも輪を作ります。

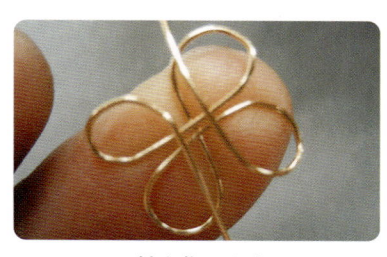

3 4つの輪を作ります。

4 このように形づくります。

5 裏に返して、ひと結びします。

6 表に返します。木瓜結びが完成しました（以降、木瓜結びの線を「主要線」と表記します）。

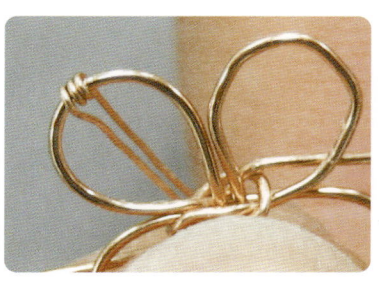

| できあがりサイズ ▶ P94 | 基礎＆仕上げテクニック ▶ P90-91 |

7 図IIのようにワイヤーBを主要線に3回巻き、ビーズをつける準備をします。

8 7で巻いたワイヤーBにビーズを通し、主要線の根元に1回巻きます。続けて左右の輪に移り、また根元に1回巻いてから次のビーズをつけていきます（図II参照）。

図II
ワイヤーBでのビーズのつけ方

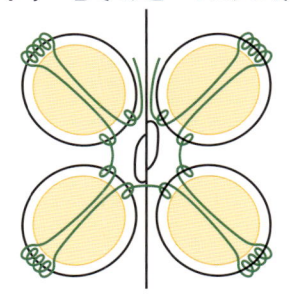

9 4つのビーズをつけ終えたら、ワイヤーBの余りを切ります。

10 裏に返して、上下のワイヤーを矢印の方向へ曲げます。

11 上に来たワイヤーで上の輪を、下に来たワイヤーで下の輪をきつく3回巻き、輪を縦にします。

表へ

12 上に巻いたワイヤーの余りを切ります。下に余ったワイヤーは、二重、三重に巻き、ビーズと主要線の間から出します。

13 表に出ているワイヤーを1.8cmほど残して切り、丸ペンチで二重、三重に内巻きにします。1つ目の花のモチーフが完成しました。

14 残りの花のモチーフを作ります。上の2つの花のモチーフの作り方は同じですが、一番下の花のモチーフだけは、10の作業の際、上のワイヤーだけを曲げ、下のワイヤーで3回巻きます。その他の手順はすべて同じです。

15 Cカンで3つの花のモチーフをつなぎ、チェーンをつけます（P90〜91参照）。

12で花のモチーフの上下の輪を長くしすぎると、間のびした感じになってしまいますし、短くしすぎるとCカンでつなぎにくくなります。13の写真を参考に、ビーズの高さと同じか、少し出るくらいの長さで作るとよいでしょう。

ワイヤー

47

Lesson 15 裏梅結びのネックレス

■材料

結びモチーフ
- アーティスティックワイヤー／太さ0.5mm（24号）…80cm（A）
- アーティスティックワイヤー／太さ0.3mm（30号）…30cm（B）
- ベネチアンビーズ／葉型（エリカ）1.2×1.2cm…7個 [花びらの部分…5個、垂らす部分…2個]
- ベネチアンビーズ／丸（トンド）8mm…1個
- あずきチェーン…2cmと4cmを各1本
- Tピン／2cm…2本
- Cカン…2個

首周り
- アーティスティックワイヤー／太さ0.5mm（24号）…5cm（9ピン2本分）
- ベネチアンビーズ／メロン型（メローネ）1×0.8cm…2個
- あずきチェーン…40cm
- Cカン…4個
- 引き輪とアジャスター…1組

■道具
平ペンチ、丸ペンチ、ニッパー、目打ち

図I　裏梅結びの結び方　▶▶　詳しくはP85へ

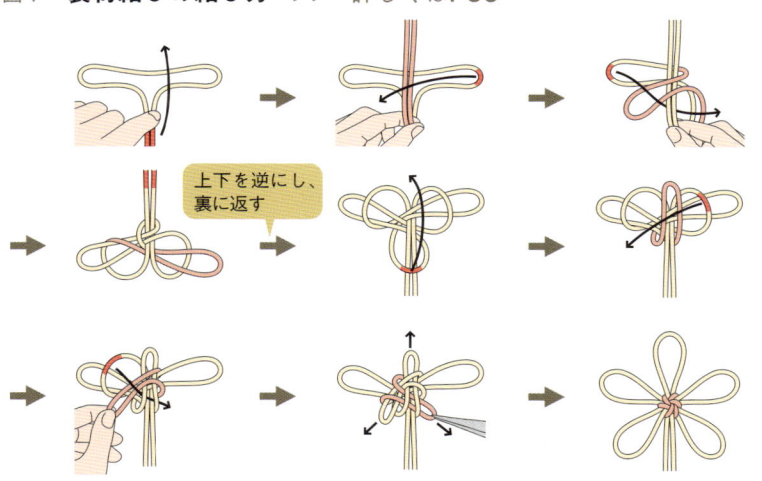

上下を逆にし、裏に返す

1 図Iの手順で、ワイヤーAで裏梅結びをします（以降、裏梅結びの線を「主要線」と表記します）。輪の大きさは葉型ビーズに合わせます。

2 ワイヤーBのまん中あたりを主要線の輪（1の○印）に3回巻きつけ、葉型ビーズを通します。

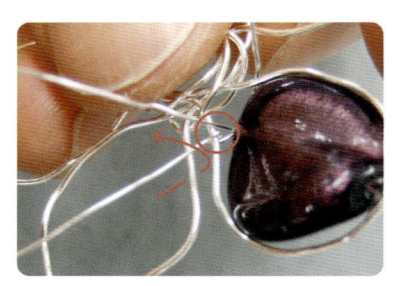

3 葉型ビーズを主要線の輪の中にはめ、輪の根元にワイヤーを1回巻きます。この後、ワイヤーの先を次の輪に通し、根元に1回巻き、続けて左右にビーズをつけていきます（図II参照）。

図II　ワイヤーBでのビーズのつけ方

| できあがりサイズ ▶ P94 | 基礎&仕上げテクニック ▶ P90-91 | My Creation ▶ P56のQ3 |

4　5つのビーズをつけ終えたら、ワイヤーBの一方を表に出し、中心にビーズをつける準備をします。もう一方は切ります

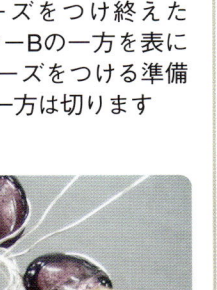

8　そのワイヤーを主要線に巻き、表に出します。二重、三重のうず巻きを作り、葉型ビーズに通し、また主要線に巻き、うず巻きを作り、中心に戻ります。

8〜10でビーズの穴が細くてワイヤーが往復できない場合は、10cmの24号ワイヤーを3本用意します。3つのビーズにそれぞれ通し、主要線に巻きつけたら8mmほど残して切り、内巻きにします。このようにして11に進んで下さい。

5　4で表に出したワイヤーBで中心に丸ビーズをつけます（P41の5参照）。

9　中心に戻ったら、主要線に巻きつけ、隣の葉型ビーズに移り、8をくり返します。

11　○印のうず巻きの輪を、ビーズの穴をふさぐように平ペンチで押さえつけます。

6　丸ペンチを使い、上に出ている2本の主要線でうず巻きを作り、チェーンをつける輪にします。

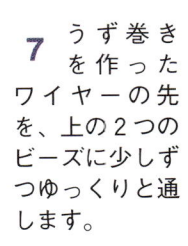

チェーンをつける輪

10　2本のワイヤーで下の3つの葉型ビーズを装飾してください。

12　花のモチーフが完成しました。チェーンをCカンでつけるための輪を裏に作っておきます。垂れるパーツとチェーンの部分の作り方はP90〜91参照。

7　うず巻きを作ったワイヤーの先を、上の2つのビーズに少しずつゆっくりと通します。

ワイヤー

Lesson 16 総角（あげまき）結びの花クロスネックレス

■材料

結びモチーフ
- アーティスティックワイヤー／太さ0.5mm（24号）…40cm（A）、15cm（D）、10cm（E）
- アーティスティックワイヤー／太さ0.3mm（28号）…30cm（B）、10cm（C）
- ベネチアンビーズ／葉型（エリカ）1.4×1cm…4個
- ベネチアンビーズ／立方体（クボ）6mm…1個

首周り
- アーティスティックワイヤー／太さ0.5mm（24号）…4.5cm（9ピン2本分）
- ベネチアンビーズ／立方体（クボ）6mm…2個
- 三つ編みチェーン…42cm
- Cカン…4個
- 引き輪とアジャスター…1組

■道具
平ペンチ、丸ペンチ、ニッパー、目打ち

図I 総角結びの結び方 ▶▶ 詳しくはP88へ

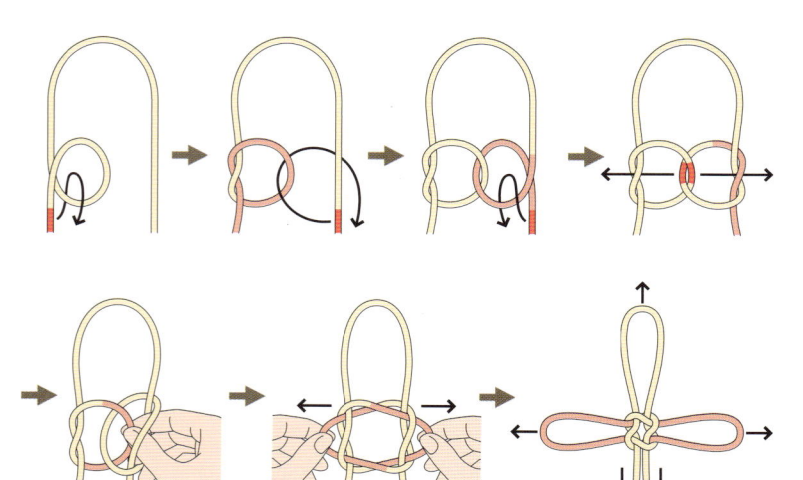

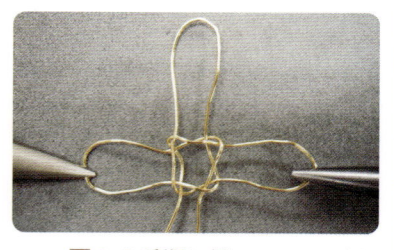

1 図Iの手順に沿って、ワイヤーAで総角結びをします（以降、総角結びの線を「主要線」と表記します）。手でやりにくい場合は、左右からペンチ2本で引くときれいにできます。

2 上下逆さに置き、輪の大きさを葉型ビーズの大きさに合わせます。

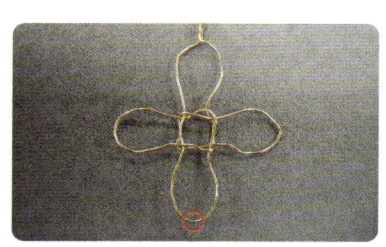

3 上の2本をねじって、4つ目の輪を作ります。

4 ワイヤーBのまん中あたりを主要線の下の輪（3の○印）に3回巻きつけ、両端をビーズに通します。

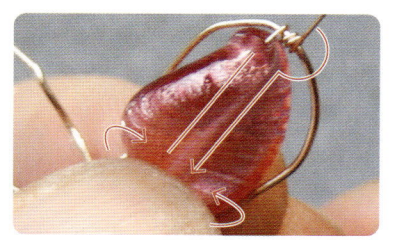

5 ビーズから出たワイヤーを主要線の左右の根元に1回巻き、隣の輪に通します。

| できあがりサイズ ▶ P94 | 基礎＆仕上げテクニック ▶ P90-91 | My Creation ▶ P56のQ3 |

図II
ワイヤーBでのビーズのつけ方

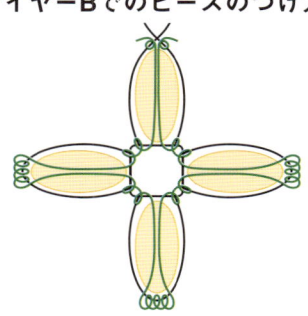

6 ワイヤーBを主要線の根元に1回巻いてからビーズをつけ、また根元に1回巻きます。5→6をくり返して4つのビーズをつけます（図II参照）。

7 ワイヤーBの余りを切ります。

8 ワイヤーCを立方体ビーズに通し、両端を裏に入れ込み、主要線に巻いたら余りを切り、目打ちで奥に押し込みます。

9 上に出ている2本のワイヤーで、花モチーフの上部を丸ペンチで巻き、チェーンをつける輪を作ります。

10 9で巻いたワイヤーの両端を上の輪に巻き入れて内巻きにし、平ペンチで押さえます。

11 5つのビーズをつけた花のクロスができました。このクロスをきれいに装飾していきます。

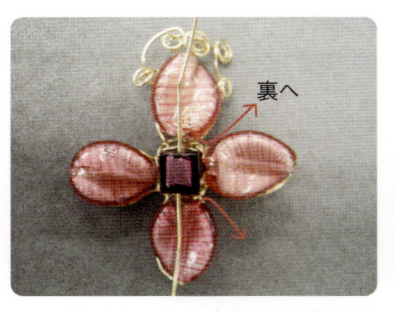

12 ワイヤーDを中心の立方体ビーズに通し、両端を主要線と葉型ビーズの間から裏へ入れ込みます。

13 ワイヤーDの両端を主要線の奥に巻きつけてから表に出し、うず巻きを作っていきます。

14 ワイヤーDの両端を左と下の葉型ビーズに通し、主要線に1回巻きます。各8mmほど残して切り、内巻きにして平ペンチで押さえつけます。

15 右の葉型ビーズにワイヤーEを通し、両端を主要線に巻き、各8mmほど残して切り、14と同じ処理をします。

16 花のクロスができました。チェーンの部分の作り方はP90〜91参照。

ワイヤー

Lesson 17 裏菊結びのブローチ

■材料
- アーティスティックワイヤー／
   太さ0.5mm（24号）…60cm（A）
- アーティスティックワイヤー／
   太さ0.3mm（28号）…40cm（B）
- ベネチアンビーズ／丸（トンド）6mm…7個
- ベネチアンビーズ／
   花模様の丸（フィオラート）1cm…1個
- ベネチアンビーズ／葉型（エリカ）1.5×1cm
- ベネチアンビーズ／メロン型（メローネ）
   1.2×0.8cm…1個
- Tピン／2cm、2.3cm…各1本
- カブトピン金具…1個（パーツをつるすため
   の輪が2〜3個ついているもの）

■道具
平ペンチ、丸ペンチ、ニッパー、目打ち

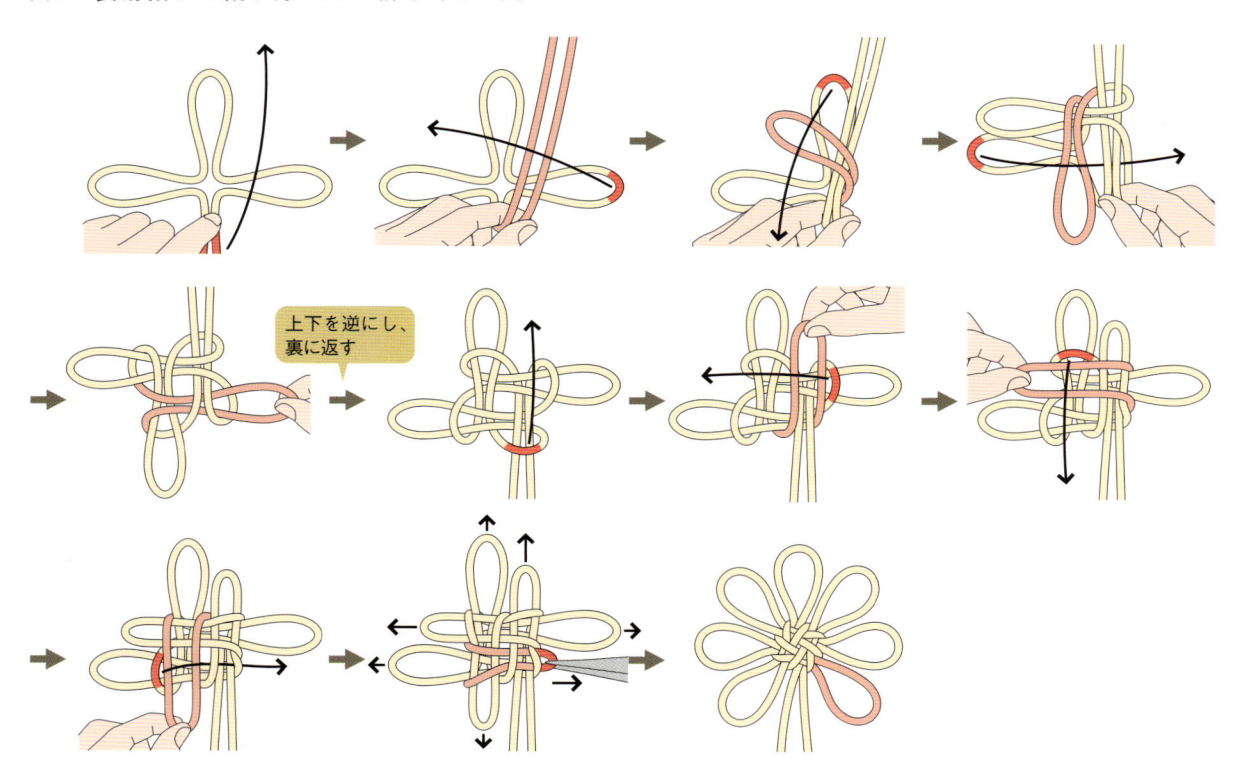

図1　**裏菊結びの結び方**　▶▶　詳しくはP86へ

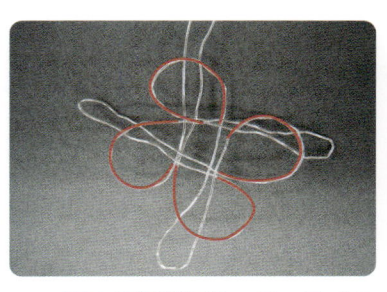

| できあがりサイズ ▶ 約4×5.5cm | 基礎&仕上げテクニック ▶ P90 |

1 図Iの手順に沿って、ワイヤーAで裏菊結びをします（以降、裏菊結びの線を「主要線」と表記します）。裏に返したときに、内側の4つの輪を大きくすると結びやすいです。

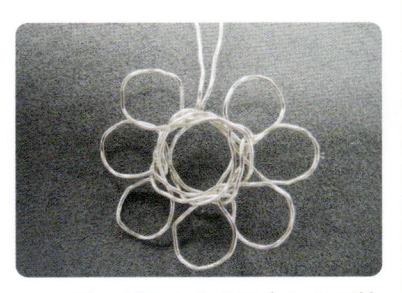

2 ビーズの大きさに合わせて輪を整え、きれいな花の形を作ります。輪にビーズをはめ込んでチェックしましょう。

3 ワイヤーBで丸のビーズを主要線の輪につけていきます（P41の**3**参照）。一番下の輪（○印）からつけ始め、左右に連続してつけていきます（図II参照）。

4 丸ビーズをすべてつけ終えたら、上に出ているワイヤーBの一方を裏から表に出します。

5 **4**で表に出したワイヤーに花模様のビーズを通します。主要線にワイヤーを適当にからませて、ビーズを中央に固定し、余ったワイヤーを切ります。

裏

6 上に出ている2本のワイヤーをカブトピン金具にからませ、花のモチーフを取りつけます。

図II
ワイヤーBでのビーズのつけ方

アドバイス
よりきれいな仕上がりを目指す人は、中心の花模様ビーズにもワイヤーAを通し、ビーズの穴をふさぐようにうず巻きを作ると、きれいに仕上がります。

7 ワイヤーをピンの金具にからませながら、中心のビーズの周囲にうず巻きの飾りを作ってきれいに仕上げます。うず巻きは浮き上がらないように作ります（P41「アドバイス」参照）。

8 カブトピンの輪に、Tピンで葉型ビーズとメロン型ビーズをつけます（P90参照）。

ワイヤー

Lesson 18　菊結び 応用のネックレス

■材料

結びモチーフ
- アーティスティックワイヤー／太さ0.5mm（24号）…50cm（A）、15cm（E）
- アーティスティックワイヤー／太さ0.3mm（28号）…25cmを4本（B）、10cmを1本（C）、30cmを2本（D）
- ベネチアンビーズ／トンド（丸）8mm…4個
- ベネチアンビーズ／トンド（丸）6mm…1個
- ベネチアンビーズ／葉型（エリカ）1.4×1cm…2個
- ベネチアンビーズ／メロン型（メローネ）1×0.8cm…1個
- Tピン／1.8cm…1本

首周り
- アーティスティックワイヤー／太さ0.5mm（24号）…5.6cm（9ピン2本分）
- ベネチアンビーズ／葉型（エリカ）1.2×1.2cm…2個
- 三つ編みチェーン…50cm
- Cカン…4個
- 引き輪とアジャスター…1組

■道具
平ペンチ、丸ペンチ、ニッパー、目打ち

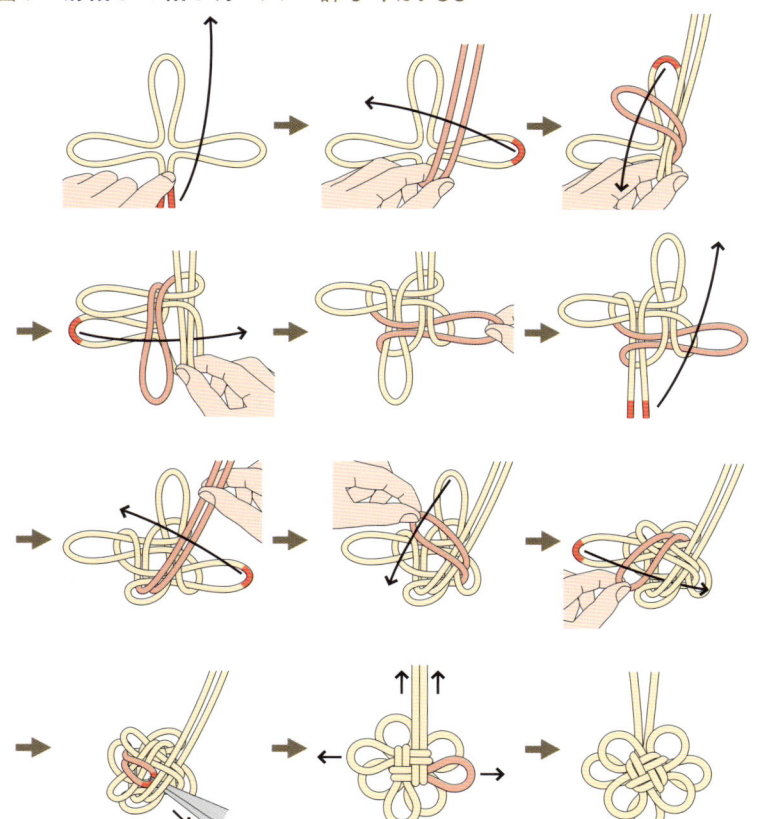

図I　菊結びの結び方 ▶▶ 詳しくはP85へ

1 図Iの手順に沿って、ワイヤーAで菊結びをします（以降、菊結びの線を「主要線」と表記します）。写真の手順の際、ほどけないように注意しつつ、○印の部分を短くして下さい。

2 ビーズをはめ込んでみて、ビーズの大きさに合わせて輪を整えます。○印はメロン型ビーズをつける輪です。

| できあがりサイズ ▶ P94 | 基礎&仕上げテクニック ▶ P90-91 | My Creation ▶ P56のQ3 |

3 ワイヤーBを主要線の輪の半周に巻きます（P39の「アドバイス」参照）。

4 3で主要線に巻いたワイヤーBの両端を、8mm丸ビーズに通します。

5 ビーズに通したワイヤーBを左右に引き、ビーズを主要線の輪の中に入れます。ワイヤーを主要線の根元まで巻いてビーズを固定し、余りを切ります。

6 4つの丸ビーズをつけ終えたら、ワイヤーCで結びの中心に6mm丸ビーズをつけます（P41の5参照）。

7 ワイヤーDの1本を2つに折り、葉型ビーズの入る輪の主要線にはさみ込みます。2本のワイヤーDに葉型ビーズを通します。

8 葉型ビーズから出たワイヤーを左右に分け、根元に巻いていきます。

9 左右の葉型ビーズをつけたところです。ワイヤーDの余りを切ります。

10 丸ペンチを使い、上に出ている2本のワイヤーでうず巻きを作り、上の2つの丸ビーズに通します。このうず巻きは、左右対称にする必要はありません。

輪を作る

11 ワイヤーをうず巻きにしてチェーンをつける輪を作ったら、主要線に巻き込み、左右の葉型ビーズに通します。

チェーンをつける輪
切る　　切る

12 左右に出たワイヤーは各8mmほど残して切り、内巻きにしてビーズの穴を隠すように押さえつけます。

アドバイス
主要線にコイルのように巻きを入れる作品は、その巻きを生かすために、装飾は抑えましょう。ビーズの穴が目立たなければ、装飾する必要はありません。

13 ワイヤーEを主要線にからませ、うず巻きを作りながら、中心のビーズや下の2つのビーズをきれいに装飾してください。

表

裏

14 Tピンで下にビーズを垂らしたら、花モチーフは完成です。チェーンの部分の作り方はP90〜91参照。

ワイヤー

コラム2

My Creation
〜作品づくりの基本Q&A〜

Q1 ワイヤーで作品を作る前に、ひもで練習をした方がいいですか？

A1 はい。ワイヤーは何度も結び直すと、表面のコーティングがはがれ、傷んできます。ナイロン、アクリル、綿といった中細のひも（長さ1〜1.5m）を練習用のひもにして、図の手順に沿って何度も結んではほどいて練習してから、ワイヤーでの作品づくりに取りかかった方がきれいに仕上がると思います。

また、ワイヤーを結んでいて、わからなくなったときは、隣にひもを置き、ひもを結びながら同じようにワイヤーを結んでいくと、わかりやすくなると思います。

Q2 取りつけ線（ワイヤーB）が途中で切れてしまいました。やり直さないといけませんか？

A2 28号の細いワイヤーは、一気に力を入れて引くと切れやすいので、ゆっくりと力を入れて引くようにしましょう。それでも切れてしまったときは、目立たない位置まで戻り、目打ちで端を押し込んでください。そして、新しいワイヤーを主要線に巻き込んで入れ、端を押し込んで下さい。

ただし、主要線およびLesson 10と18の主要線のまわりにコイルのように巻くワイヤーBが切れたときは、やり直しましょう。

Q3 「きれいに装飾してください」の意味がよくわからないので、詳しく教えてください。

A3 基本的に本書のワイヤーを使った作品は、24号の太いワイヤーで結んだモチーフ（主要線＝ワイヤーA）に28号の細いワイヤー（取りつけ線＝ワイヤーB）でビーズをつけて作ります。しかし、この段階では、取りつけ線やビーズの穴が目立ちます。そこで主要線の余りか、新たな24号ワイヤーを装飾線とし、うず巻きを作り主要線に巻き込むことで、取りつけ線やビーズの穴を見えないようにします。大きなビーズを使うLesson 15、16、18の作品は、中心のビーズだけでなく、まわりのビーズすべてに装飾線を通します。この一連の作業が「装飾する」という意味です。こうすることできれいに仕上がり、ビーズがしっかりと固定されます。

また、装飾することで、規則正しく作った作品に変化が生まれ、作る人の個性が出てきますので、「必ずここをこうしてください」という言い方はしません。いろいろと試し、工夫して、あなたのオリジナル作品を作ってください。

朝霧裕子の
ベネチアンビーズ・ジュエリーの世界

出会いに支えられて
Camilla Ahlqvist カミッラ

　私の作品のモデルであるカミッラは、かつてゴルドーニ劇場の舞台にも立った女優・歌手であり、独自のマスケラ（カーニバルの仮面）も作る多才な女性です。彼女との出会いについて少しお話したいと思います。

　彼女にはじめて会ったのは2000年の11月。私が飾り結びの独学を2年ほど続け、ベネチアンビーズを使った作品を作り始めた頃でした。ベネチアに安く滞在でき、かつ多くの人に出会うチャンスもある語学学校に通うため、ベネチアに3週間ほど滞在したときのことです。

　彼女はサン・マルコ広場の西側のしゃれた店が並ぶ通りにあるジュエリー・ショップに勤めていました。私が店に入るとすぐに、私が身につけていたペンダントを見て、「今までに見たことがない」と話しかけてきたのです。「買いたい」とまで言ってくれました。うれしかったのですが、まだ作品を売ったことがなかった私は、返答に困り、いろいろと語り合いながらも翌日までに値段を考えてくる約束をして別れました。

　日を改めたことで少し事件になりました。次の日、店で話しているときに運悪く、店のオーナーが来てしまい、彼女は真っ青に。そうでしょう。ジュエリーを売る店の人が買う話をしているのですから。その場は、そうそうに引き上げたのですが、後で話を聞けば、やはり相当に怒られたとか。

　結局、私は彼女にペンダントをプレゼントすることに決め、ベネチアを去る数日前に、また店を訪れました。気に入ってくれたことがうれしかったですし、ベネチアに自分の作品が残ることが素敵なことに思えたからです。

　「えっ」と驚く彼女の表情を見ていたら、私は自分でも思いがけず、涙が出てきてしまいました。驚いたのは彼女の方で、"Are you OK?" "You are so sweet." と言いながら、私を抱きしめてくれました。でもフィンランド人である彼女は身長175cm。153cmの私はまるで母の胸に抱かれる子供のような感じでした。少し恥ずかしかったのを、あふれる涙とともに覚えています。

　その後2年ほど、カミッラからは連絡もなく、私もベネチアを訪れた際にも連絡しようとは思いませんでした。なんだか「その後」を知るのが怖く、彼女のことは美しい思い出の中にとっておきたかったのです。

　2003年3月、美しいビーズと可能性を求め、ベネチアに1ヶ月滞在することを決めたときのことです。費用のこともあって、ホテル予約は5日間だけで、その後は安い

私の作品「朱（あか）き花」を身につけてポーズをとるカミッラ。エバが大切にしている古い織物の前で。

部屋を見つけて移ろうと考えた私ですが、出発前になると不安になってきました。語学学校に通った縁で知り合いはいるといっても、部屋を安く貸してくれるかどうか…。そこで思い切ってカミッラに、最新の作品の写真と一緒に手紙を出しました。Eメール・アドレスを添えて。すると、すぐに「できる限り力を貸したい。あのときのペンダントを見につけるつど、あなたのことを思い出していた」と返信が来たのです。それを読んだとき、どれほどうれしく、心強かったことか。

こうして私は、2年後にカミッラと再会を果たしました。部屋も、私がビーズをよく買うアンティーク・ショップのオーナー夫妻が「Yukoになら」と、安く貸してくれました。偶然にもそのアンティーク・ショップは当時カミッラが勤めていたマスケラの店のすぐそばにあり、借りた部屋は彼女の家と店の中間地点にありました。そんな幸運に恵まれ、彼女とはほとんど1ヶ月間、毎日のように会うことができました。彼女は私のベネチアでの生活が不便ではないかと気を遣ってくれる一方で、作品が少しでも多くの人の目に留まるように自分がモデルになることを提案してくれました。カミッラの親友のエバがプロのカメラマンであることもうれしい偶然で、彼女も私の作品を気に入ってくれ、ベネチアでの撮影を引き受けてくれることになりました。

この後、毎年、私が作品を持ってベネチアを訪れるつど、カミッラが私の作品を身につけてモデルとなり、エバがベネチアの幻想的な風景を背景に撮影してくれるという幸運に恵まれています。このすばらしい出会いに感謝し、もっともっと美しい作品をベネチアの風景の中に飾りたいと、日々、制作を続けています。

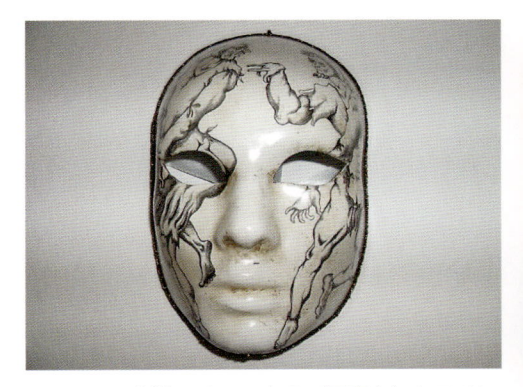

カミッラの制作したマスケラ（写真上）とワイングラスを片手にほほえむ、普段のカミッラ（写真右）。ベネチアではプロセッコと呼ばれる発泡性の白ワインはとても飲みやすく、3人の再会の乾杯には欠かせません。

再会したカミッラが私にメッセージを贈ってくれました

　私の友、ユウコへ

　　人生とは、なんて不思議で、驚きに満ちているのでしょう。
　　2年前にあなたと知り合えたことは、私にとって大きな喜びでした。
　　当時、私が勤めていたジュエリー・ショップにあなたが入って来たとき、とても純粋で自然、優しい印象を受けました。そしてあなたのペンダントを目にしました。私は、なんて美しいのかを表現する言葉が見つかりませんでした。良い表現は見つかりませんでしたが、賞賛の言葉を贈ったと思います。できる限りの英語とイタリア語で。私たちにとっては2つの奇妙な言葉ですね。あなたは日本人、私はフィンランド人。2人はイタリアのベネチアで貴重な出会いをしました。
　　2年前、あなたはすばらしい宝を私にくれました。あなたは私に「このペンダントはあなたに身につけてほしい」と言い、泣き出してしまいましたね。私はあのとき、真の友を見つけたと思いました。とても特別な、誰とも異なる友を。
　　その後2年間、あなたに連絡をとらなかったことを、とてもすまなく思っています。ベネチアでの生活はとても早く流れていき、私のすべてのエネルギーを奪ってしまったからです。でも、あなたのペンダントを身につける度に、ビーズの輝きは、私にあなたのことを思い出させ、私をほほえませてくれました。そして、どれだけ多くの人が、その美しいものをどこで手に入れたのかを私に問うたことでしょう。その度に、私は誇らしくあなたについて語りました。
　　2年後、あなたの手紙が届きました。あなたが再びベネチアに来る、そのニュースは私をとても幸せにしてくれました。あなたは1ヶ月、ベネチアに滞在し、ほとんど毎日あなたに会うことができました。私にとってこれらの時間がどれだけ特別で、あなたは私をどれだけ助けてくれたかをあなたに伝えたい。
　　あなたとあなたの作品は、世界のどの作品とも異なっています。色の美しい組み合わせと調和、ガラスビーズを細い線で飾るその作り方は、世界でも類がありません。あなたの作品は女性の肌の上に咲いた花のようです。
　　私は、人々があなたとあなたの作品について、私と同じように感じることを祈っています。そして、いつか日本であなたと会え、あなたが私に語った美しい国を知ることができることを願っています。

　　　　　　　　　　　　　　　　　　　　　　　2002年4月21日
　　　　　　　　　　　　　　　　　　　　　　愛を込めて　カミッラ

出会いに支えられて

Eva Maria Ohtonen エバ

　カメラマンのエバはカミッラと同じフィンランド出身ですが、ベネチアをこよなく愛し、幻想的な風景を撮り続けています。

　3年間ドイツで写真の勉強をし、1992年より4年間をローマで、1996年より現在まではベネチアでカメラマンとしてのキャリアを積んでいます。

　日本の絵画や映画に興味を持つ彼女の作品は、日本人の心になじむような気がします。カミッラを収めた写真とともに、この本のベネチアの写真はすべてエバが撮影したものです。

エバのホームページ
http://www.studioimmaginovenezia.com/

ベネチアの大運河の夕暮れ

水都の花

　水色の美しいビーズを華奢な装飾線で、どこまでも優しい花の首飾りに仕上げました。
　ビーズを買い求めたアンティーク・ショップは、彫刻・古布・陶器など、興味をそそるものがあふれていました。ぜひもう一度訪れたいのですが、何度その界隈を歩いてみても、行き着くことができません。
　私にとって、水都ベネチアは迷宮の都でもあります。

カミッラが手をかけるのはポッツォ（井戸）。海に接する水の都ベネチアは飲料水の確保のために多くの井戸が必要でした。今は使われていませんが、古びた縁石は中世を想わせます。

花の三重奏

　アンティーク・ショップで一つ一つ選んだ濃紺、緑、黄緑のハート型ビーズが、私の手元で三重奏を奏でています。濃紺の葉型ビーズを伴って。「花の三重奏」です。

「花の三重奏」を胸に、中庭の階段で優雅にポーズをとるカミッラ。オレンジ色の明かりに浮かび上がる円柱。それはもう中世の舞台のようでした。

階段のほのかな灯は、月光を想わせます。
目をふせて物思う、静かで、柔らかな月夜
の世界です。

月光の花

　黒地に青、緑、銀色が鮮やかに浮かび上がるビーズ。透明感のあるビーズとは違い、奥から輝き出る趣があります。私には深い輝きの月を思わせます。
　首周りを黒い葉型ビーズでつなぎ、月光の花と見立てました。

ベネチアの胸飾り

　ムラノ島のビーズ・ショップでふと目にした菱形の大きなビーズ。7枚できちんとした花の形になるのを手のひらで確かめて、3色21枚を選びました。
　首飾りではなく、胸飾りです。観音様が胸に垂らしている飾りのような。

中世からの建物、運河の橋を行きかう人々。ベネチアの見なれた風景に大きな花の胸飾りを浮かび上がらせました。カメラマンのエバの考えです。

黒を基調にしたモザイクの花と、その下でゆれる黄のアクセントが映えるように装いました。「ベネチアン・モザイク」を身につけたカミッラの遠くを見つめる目も、モザイクのガラス越しに、世界を眺めているようです。

ベネチアン・モザイク

「ベネチアン」といっても、この作品に使っているビーズは、金、銀に輝く華やかなベネチアンビーズではなく、私がベネチアのアンティーク・ショップで集めた小さくて不揃いなビーズたちです。

作品にビーズを使っていく中で、いつも取り残すことになってしまい、すまなく思っていましたが、何年か試行錯誤の末、ようやく一輪の花「ベネチアン・モザイク」を咲かすことができました。

ベネチアの扉

　ベネチアの通りに面している扉のほとんどは金属製で、とても重々しい。歴史的な館の扉になると、ドアやノブに美しい装飾がほどこされ、中に入ってみたい強い衝動にかられます。
　そんな魅惑のドアをイメージして、1本の金属線で作り上げました。

「ベネチアの扉」を凛と身につけたカミッラの背景は、光ゆらめく運河、小さな橋、煙突のある建物。ベネチアでしか撮れないワン・ショットです。

赤い貴婦人

　ベネチアを人にたとえるなら「老いゆく貴婦人」だと思います。かつての栄華が今に残る、優雅でプライド高い老婦人でしょうか。
　ベネチアでそんなイメージの老婦人に出会うことがあります。年をとっているのですが、シルバーグレーの髪をきれいにセットし、赤い口紅を引き、ロングコートを着て、背筋を伸ばして歩く姿には目を引きつけられます。そんな貴婦人たちの物語を、ベネチアン・レッドで息づかせてみました。

貴婦人にはドレスでしょうか。ベネチアが貴婦人のように華やいだ盛りは中世でしょう。その輝きをかすかに残すのが今のベネチアです。
普段着のジャケットに「赤い貴婦人」を身につけ、背景には閉じられた窓の重厚な金属の飾り。これが私とカミッラとエバの3人の「赤い貴婦人」への演出です。

ベネチアの青

　入り組んだ小路から、サン・マルコ運河沿いのスキアヴォーニの岸に出ると、そこは一気に視界が広がるところ。明るい陽光が青い海を輝かせています。
　ベネチアの印象を少し軽やかに、青い花二輪に表しました。

サン・ポーロにあるエバのアパートメント。
窓を全開にして、胸元に咲く青い花、耳元に
舞う蝶に柔らかい光を当てました。

「ベリッシマ（美しい）」、緑の好きなカミッラが言う。
街角の撮影に、道行く人も「ベリッシマ」。
夕暮れの古い町並みにモダンな作品が映えました。

緑の花束

　様々なトーンの緑のビーズには、ベネチアンビーズ独特の輝きはありません。でもそれは、アルプスからの冷たい風に吹かれながらも芽吹いた、精一杯の自然の緑に見えます。
　そんな緑に心引かれ、花束に結んでみました。

母になったカミッラは心なしかふっくら。右の
かなたには、ドゥカーレ宮殿と鐘楼、左のかな
たには、サン・ジョルジョ・マッジョーレ教会。
秋の陽光と柔らかい空気に包まれての撮影に
「オリエントの花」を身につけたカミッラが、聖
母のような優しさをただよわせました。

オリエントの花

　オレンジは、お釈迦様が身にまとったことでインド仏教の色になったという聖なる色。
　そんなオレンジのビーズで作った飾り結びの花を日本の組みひもに結び、咲かせました。私が描くオリエントの花です。

基本の結び方

▶ **淡路結び**

水引工芸の基本の結びです。縦、横に連続して結ぶことにより、無限の世界が広がります。

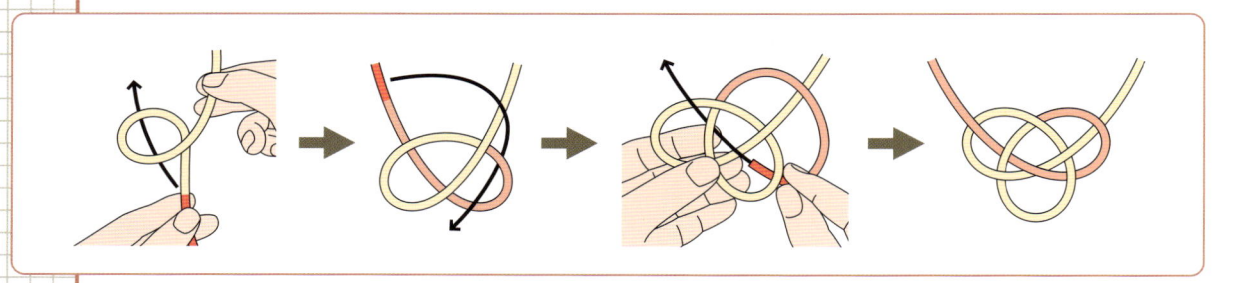

▶ **淡路結び縦連続**

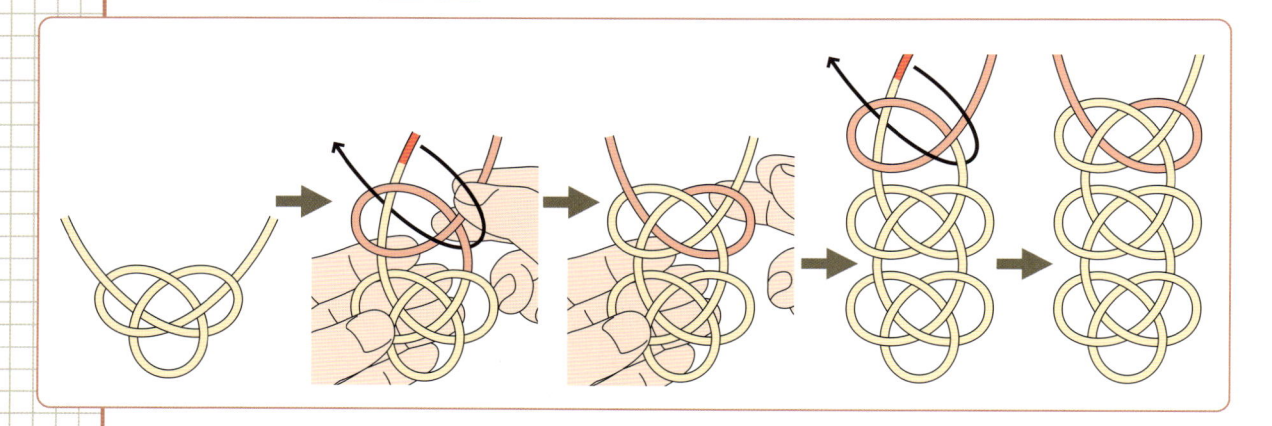

▶ **淡路結び横連続**

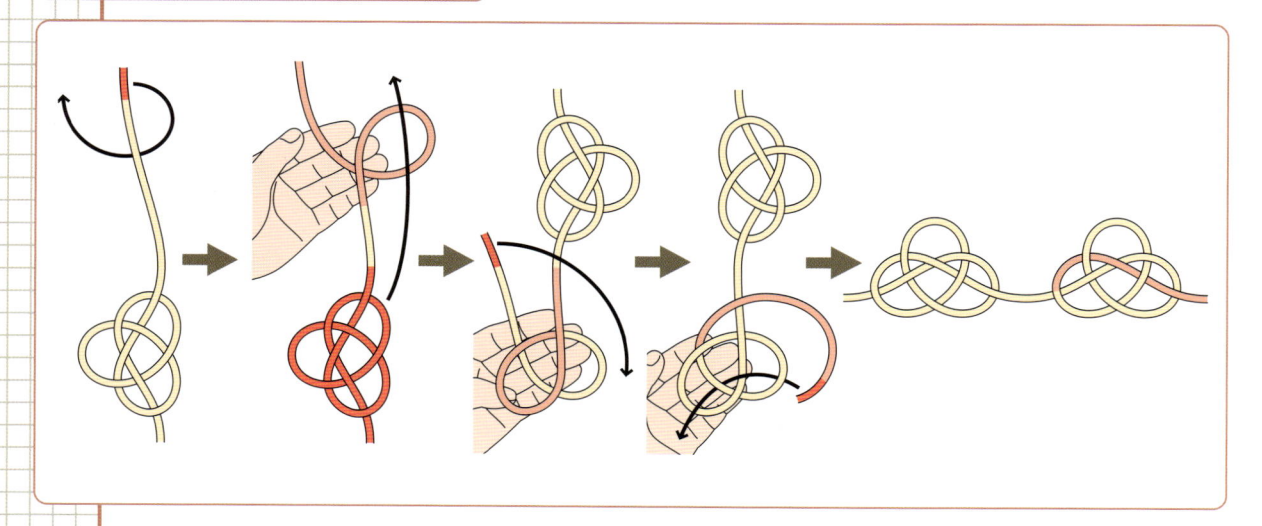

▶ 桃結び

水引工芸で桃の花を結ぶのによく用いられます。2本の
ひもの先が裏側に来るので、処理がしやすいです。

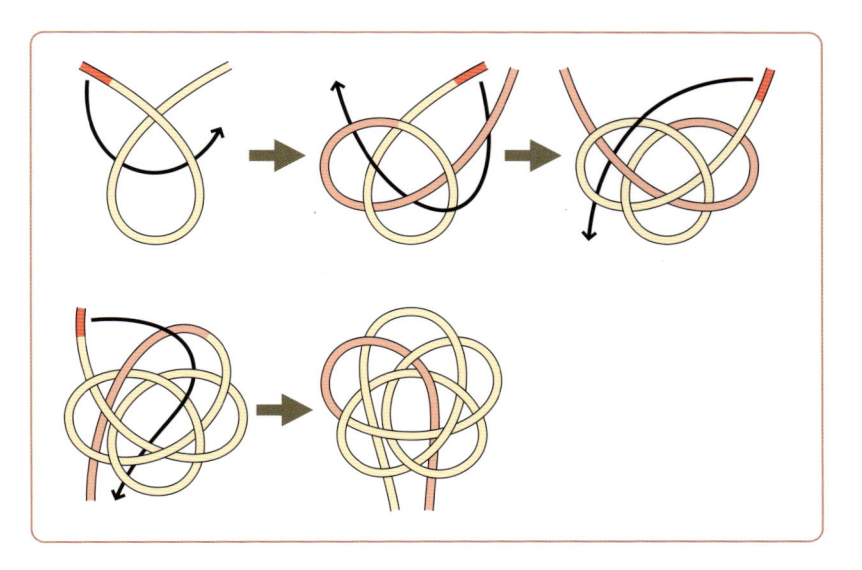

▶ けさ結び

僧がまとうけさを飾る修多羅結びの中の結びの一つです。本書のけさ結びは、通常より輪を2つ少なくしています。

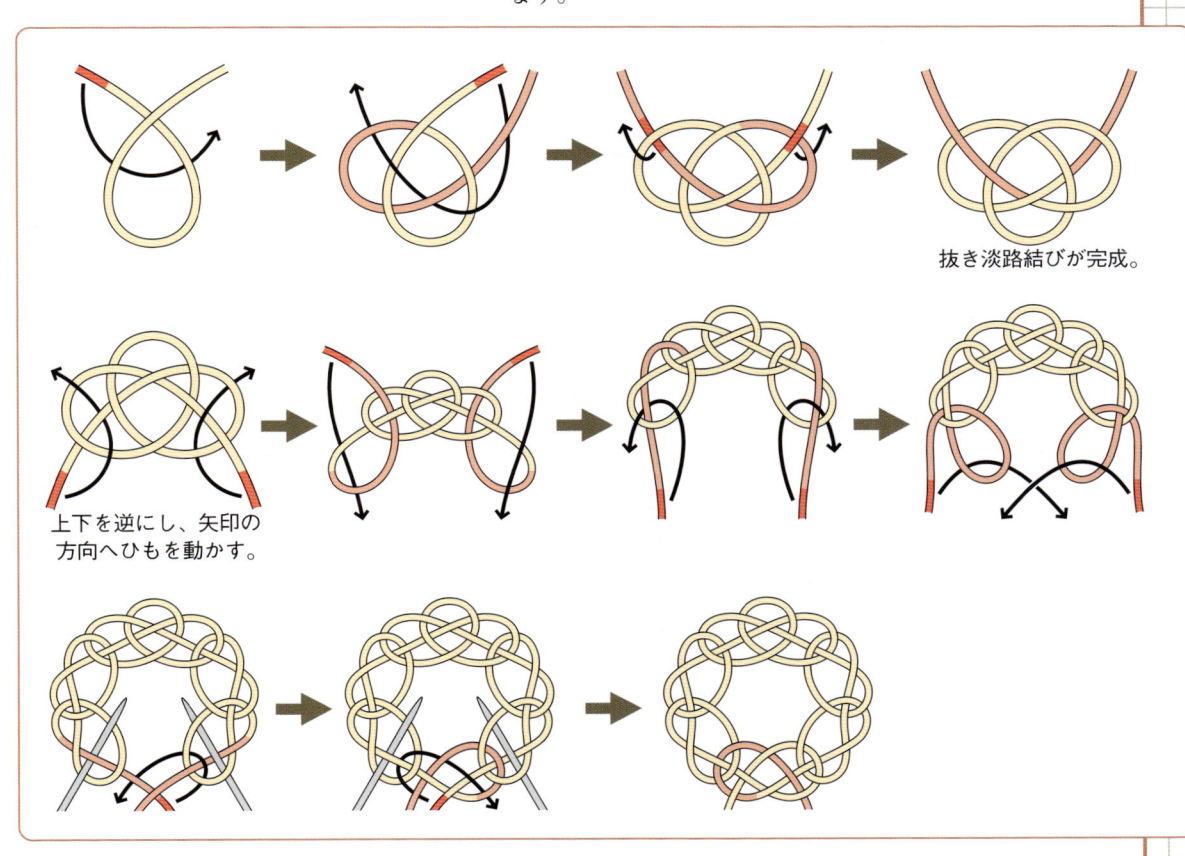

抜き淡路結びが完成。

上下を逆にし、矢印の
方向へひもを動かす。

83

基本の結び方

▶ **竹結び**

古くは旗竿の先に取りつけた飾り結びです。結びの大きさの調整がしやすいという特徴があります。

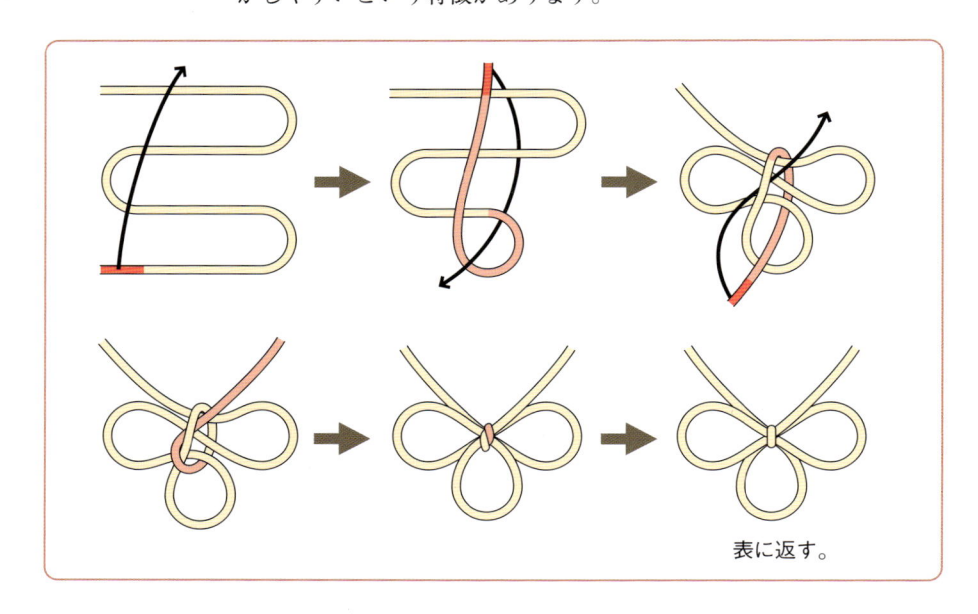

表に返す。

▶ **梅結び**

5枚の花弁の代表的な飾り結びです。上の2つの輪を大きく結ぶと蝶の形になります。

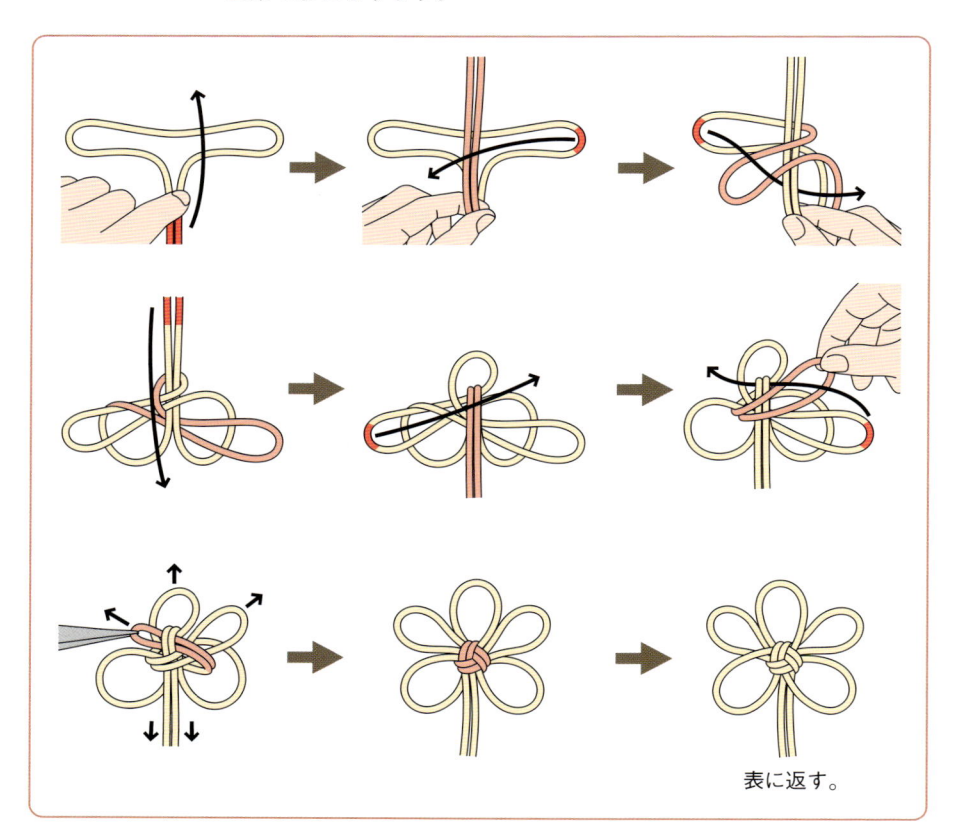

表に返す。

▶裏梅結び

梅結びと同じ5枚の花弁ですが、5つの輪がきれいに揃い、中心の結び目が大きく美しく作れます。

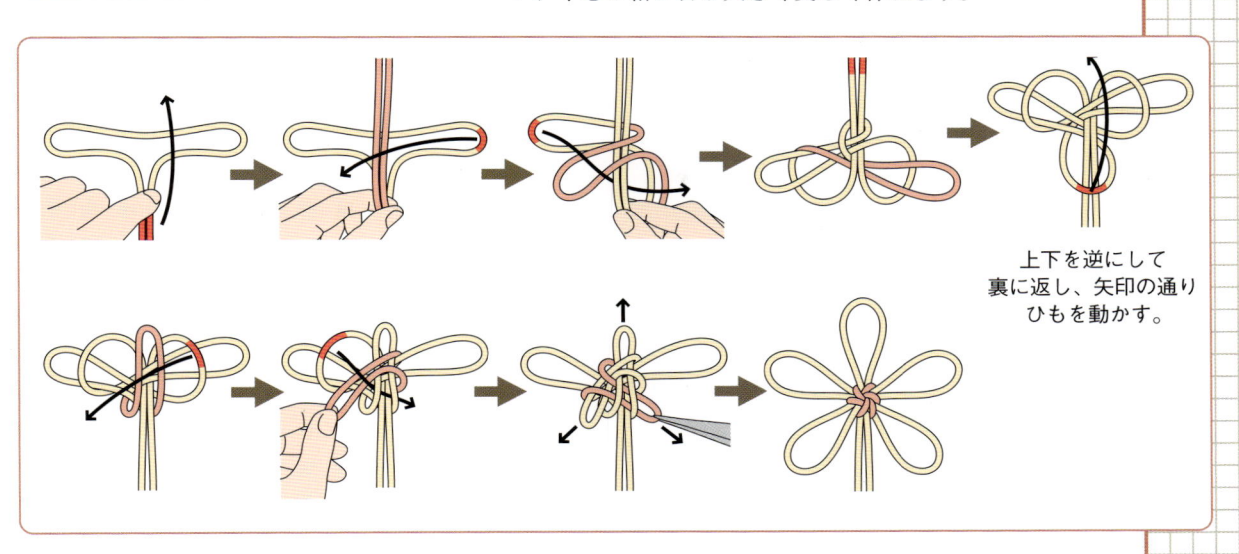

上下を逆にして裏に返し、矢印の通りひもを動かす。

▶菊結び

7枚の花弁の代表的な飾り結び。延命長寿を表すおめでたい結びで「吉祥結び」とも言います。

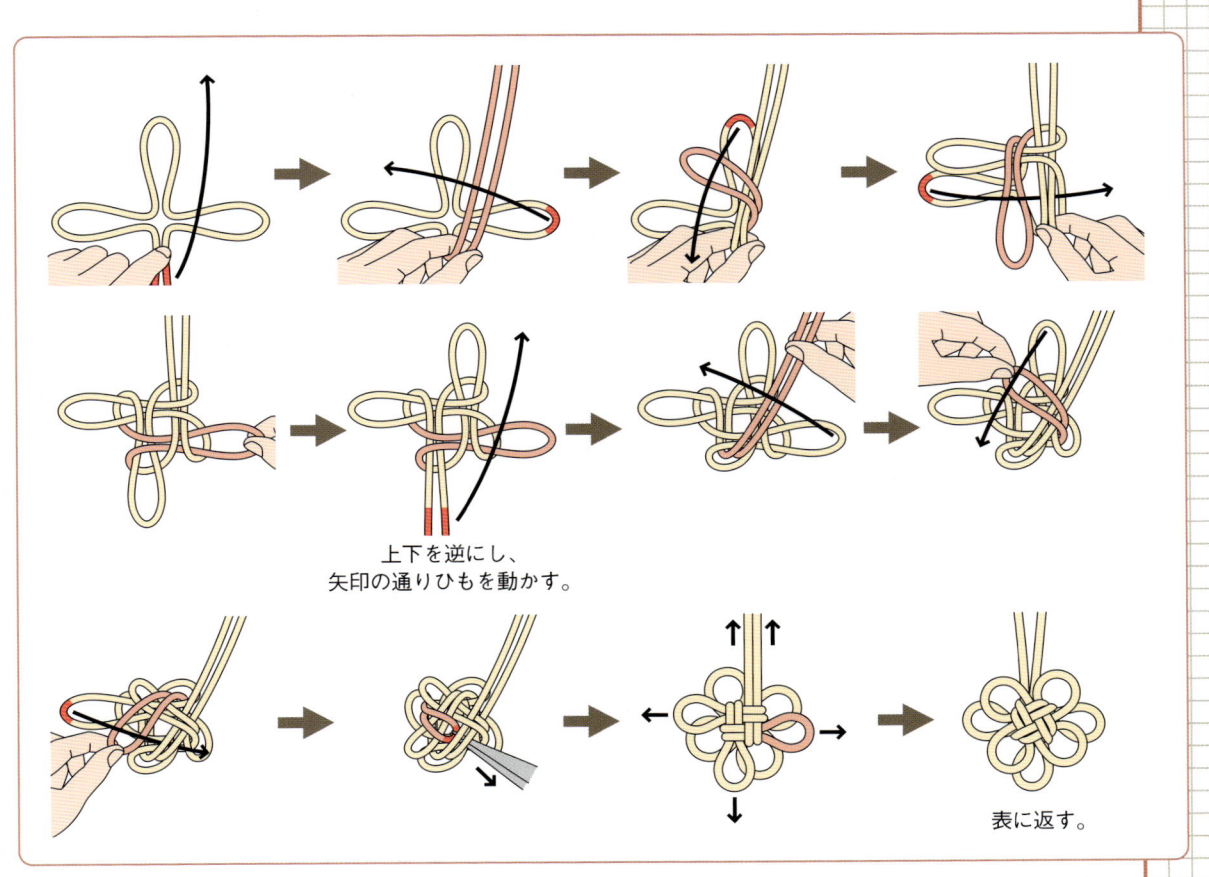

上下を逆にし、矢印の通りひもを動かす。

表に返す。

基本の結び方

▶ **裏菊結び**

菊結びと同じ7枚の花弁ですが、7つの輪がきれいに揃い、中心の結び目が大きく美しく作れます。

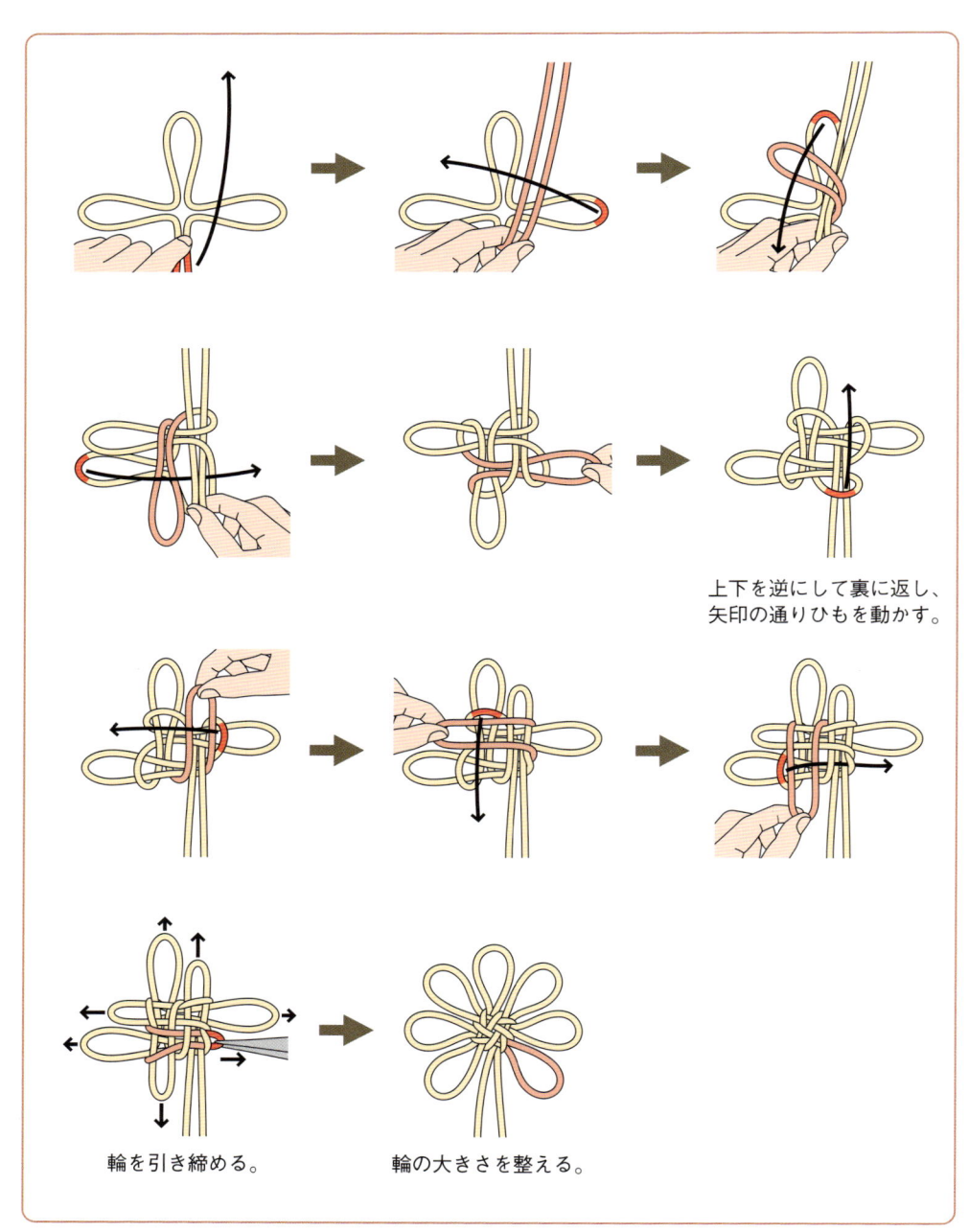

上下を逆にして裏に返し、矢印の通りひもを動かす。

輪を引き締める。　　輪の大きさを整える。

▶釈迦結び

引き締めて丸くしていくと、お釈迦様の頭髪のようなデコボコができます。

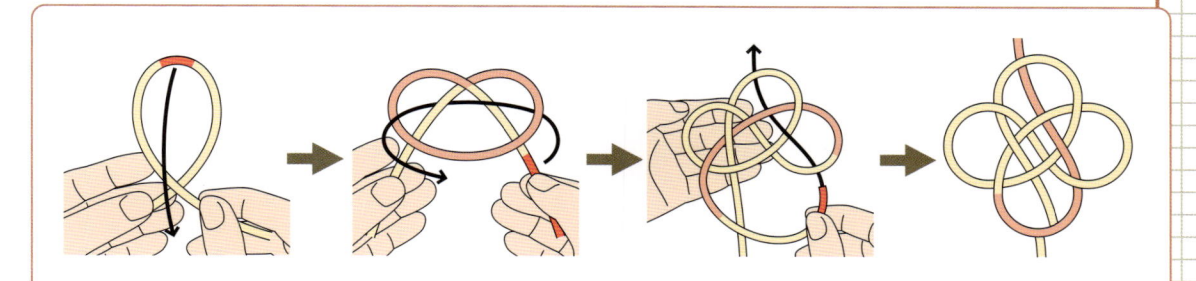

▶木瓜（もっこう）結び

木瓜（ぼけ）の花に似ているところから、名づけられました。

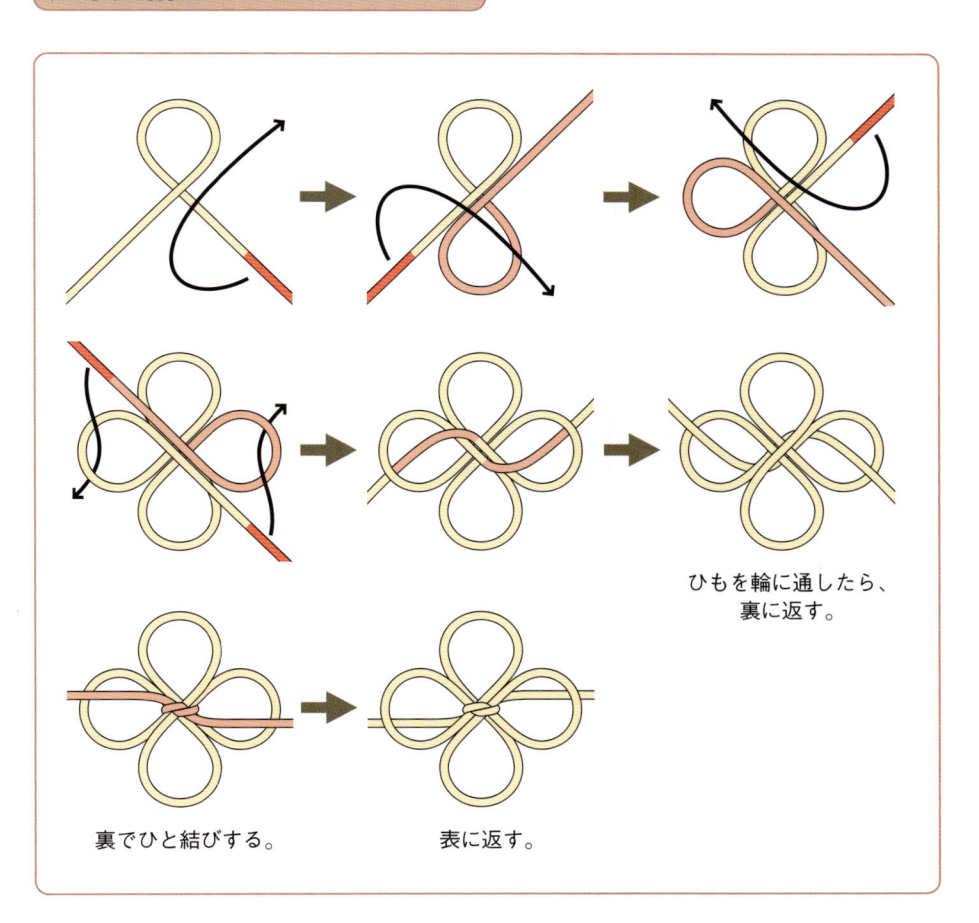

ひもを輪に通したら、裏に返す。

裏でひと結びする。　　表に返す。

基本の結び方

▶ 総角結び

「総角（揚げ巻き）」という、昔の男の子の髪の結い方に似ているところから名づけられました。中心の結び目の形により、「入型」と「人型」がありますが、本書では一般的な「入型」を取り上げています。

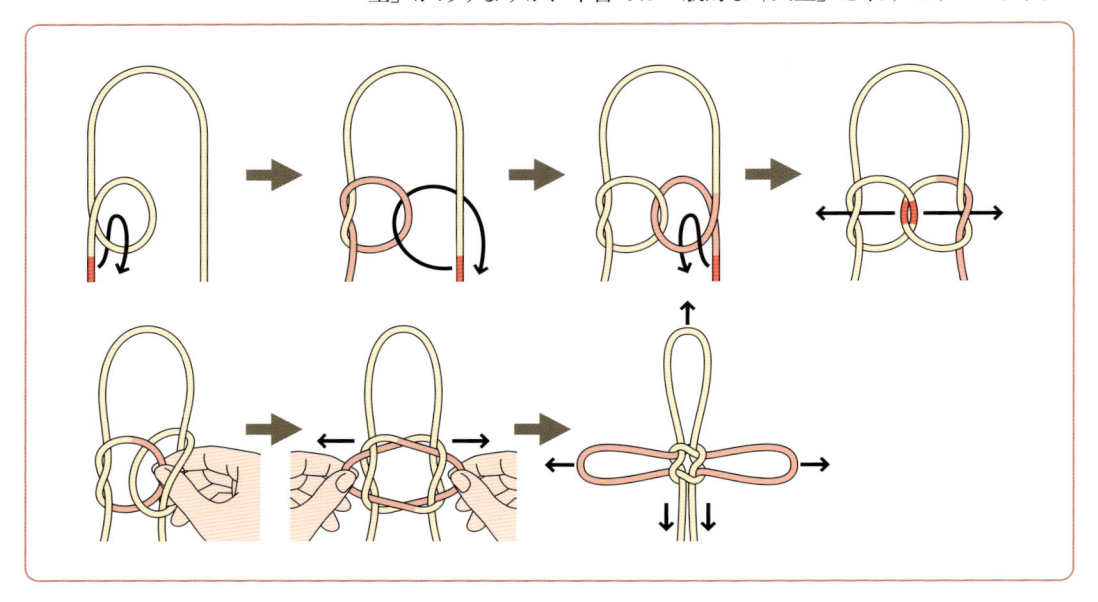

▶ 平結び（基本）

マクラメ（アラビアが起源の結び）の基本の結び方の一つです。芯糸を動かすことができるので、留め具としても使われます。

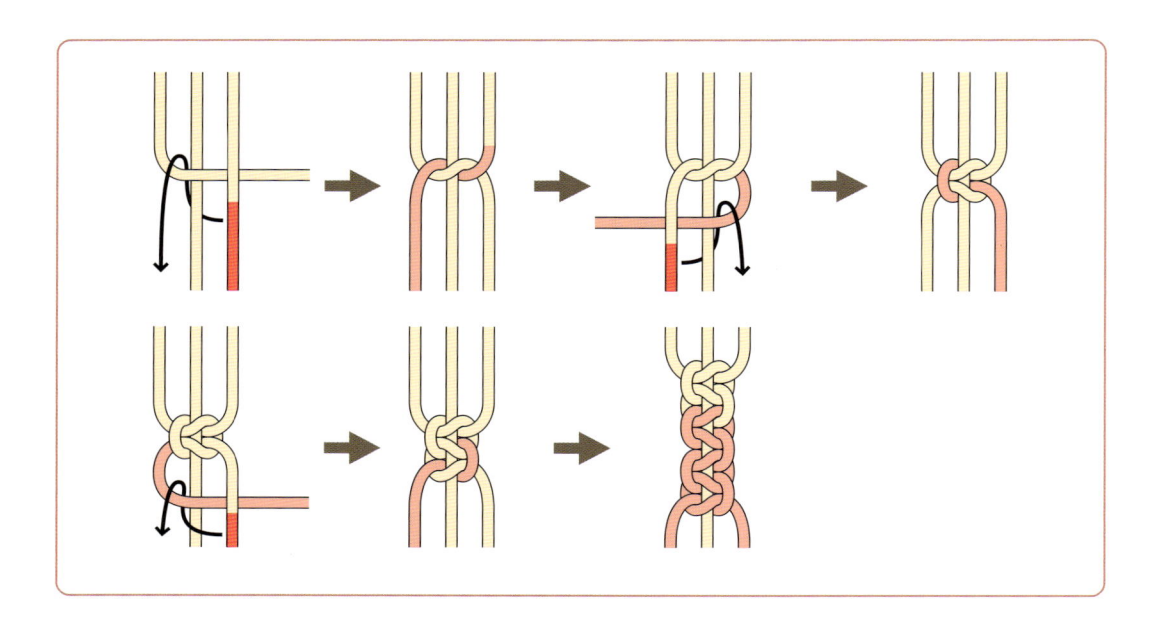

▶ 平結び（ねじり）

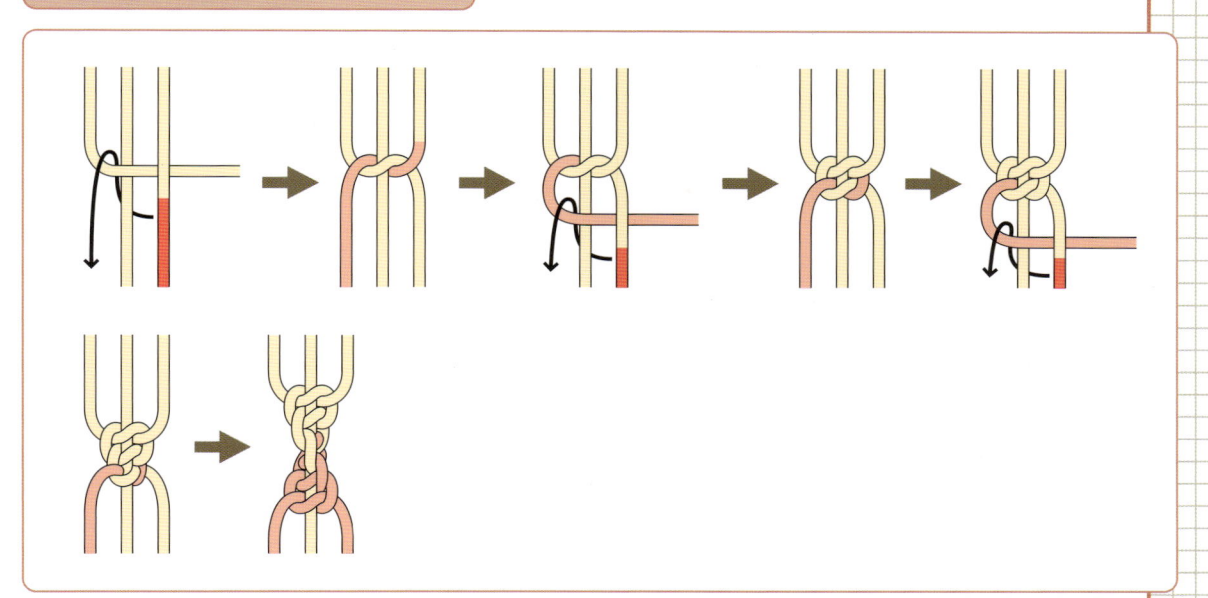

いろいろな結びで
創作した飾り箱。

Technique

基礎&仕上げのテクニック

　ビーズのジュエリー制作に欠かせない基礎と仕上げのテクニックをご紹介します。基本の作業をきちんと行うことで、仕上がりにも差がでます。

■ Tピン、9ピンの輪の作り方
使用する道具：丸ペンチ

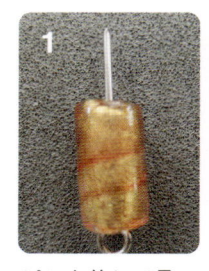

1 ピンを差して長い場合は、8mmほど残して切ります。

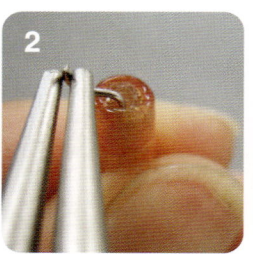

2 少しずつそらして90度に曲げます。

3 前に倒して丸めていきます。

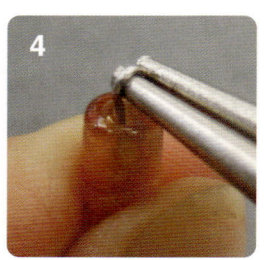

4 すき間がないように、ビーズに入れ込むぐらいに丸めます。

5 きれいな丸みができたら、できあがり。

■ Tピン、9ピンを使ったつなぎ方
使用する道具：丸ペンチ

ピンどうしをつなぐときや、モチーフをつなぐときも同じようにつなげます。

1 ピンの輪を作り、チェーンをかけます。チェーンを下から引っかけるようにすると、やりやすいです。

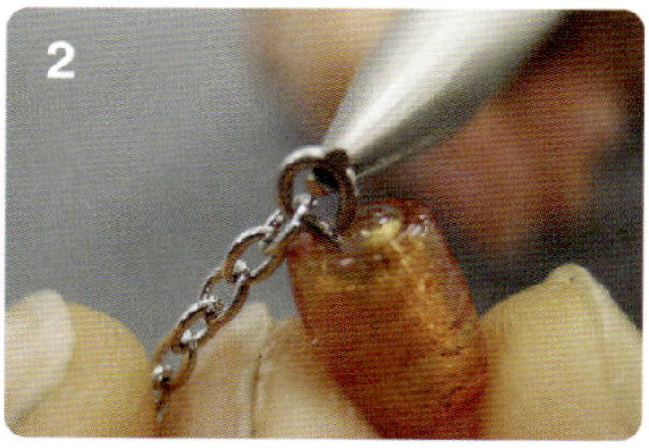

2 丸ペンチで、すき間がないように丸めます。

■ Cカンの開き方
使用する道具：平ペンチ

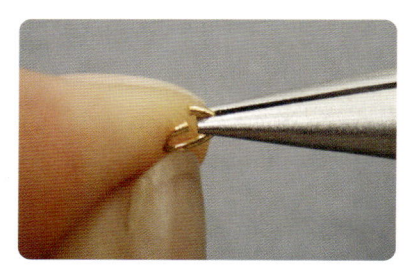

ペンチ2本で開く方法もありますが、指とペンチを使った方がやりやすいと思います。左右でなく、前後に開きます。

■ Cカンを使ったつなぎ方
使用する道具：平ペンチ

ピンの輪がない場合は、すべてCカンでつなぎます。

1 開いたCカンに結びのモチーフを引っかけます。

2 モチーフの裏側でCカンを重ねるように閉じます。通常、Cカンは閉じるだけで重ねてつけないようですが、とれやすいので重ねづけをおすすめします。

3 しっかりとついていることを確認しましょう。

チェーンの切り方
使用する道具：ニッパー

あずきチェーン
切りたい部分の輪を1つ切ります。

三つ編みチェーン
切りたい部分を切りますが、切り口の輪のいくつかが切れかかったまま残ります。それを取り除いてください。

ボールチェーン
ボールとボールの間を切ります。

チェーンと留め具のつなぎ方
使用する道具：平ペンチ

○＝Cカン
ダルマカン
アジャスター
引き輪

すべてCカンでつなぎます。チェーンの長さ調整が必要なければダルマカンを、必要であればアジャスターを使います。

ボールチェーンのつなぎ方
使用する道具：平ペンチ

○＝Vカップ
ボールチェーン

完成例

ボールチェーンは留め具をつける輪がないため、Vカップをはめて輪を作り、Cカンを使えるようにします。ボールチェーンに合ったVカップを選んでください（上の写真は直径1.5mmのボールチェーンを使用）。

◆注意◆ 両端にVカップをつけてしまうと、結びのモチーフの輪にチェーンが通らなくなることがあります。チェーンを通してからVカップをつけるようにしましょう。

Vカップのつけ方
使用する道具：平ペンチ

1 Vカップを少し閉じます。

2 端のボールの1つをVカップに乗せます。

3 ボールをはずさないように閉じます。

Technique

■ コイル巻き
使用する道具：直径2～3mmの細い棒

ひもの先端にボリュームを与えます。巻き数を加減して、1本のひもに複数のコイル巻きを結んでもおもしろいでしょう。

○＝コイル巻き

Lesson 6　けさ結びのネックレス（P30-31）

1 ひもを棒にかけます。

2 かけたひもを手前にまわし、指で押さえているひもに交差させます。

3 そのまま3～4回巻きます。

4 棒を抜き、ひもを巻いた輪から通し、来た方へ戻します。

5 少しずつ指で丸めながら細くし、持っていきたい位置に移動させます。

6 先に出ているひもを切り、手芸用ボンドをつけます。乾いたら完成です。

■ ピアス、イヤリング金具のつけ方
使用する道具：平ペンチ

結びモチーフが正面を向くように気をつけてつけましょう。

● イヤリング（左）／フレンチ・フックのピアス（右）

モチーフにCカンをつけ、金具の輪にはめて閉じます。

Cカンでつなぐ

モチーフの輪は縦向き

● アメリカン・フックのピアス

アメリカン・フックは輪が開くので、Cカンを使わずにモチーフと直接つなぐことができます。

開いてつなぐ

モチーフの輪は横向き

ネックレスの長さ

　市販のネックレスは基本の長さが決まっていて、店頭では基本の長さのものが販売されていることが多いですが、人によって似合う長さは異なり、服装によっても変わってきます。自分で作る良さは、好きな長さにできることです。鏡に映して確認しながら、調節してください。

> **ネックレスの基本の長さと名称**
> チョーカー（約35cm）
> プリンセス（約42cm）
> マチネー（約53cm）
> オペラ（約71cm）
> ロープ（約107m）

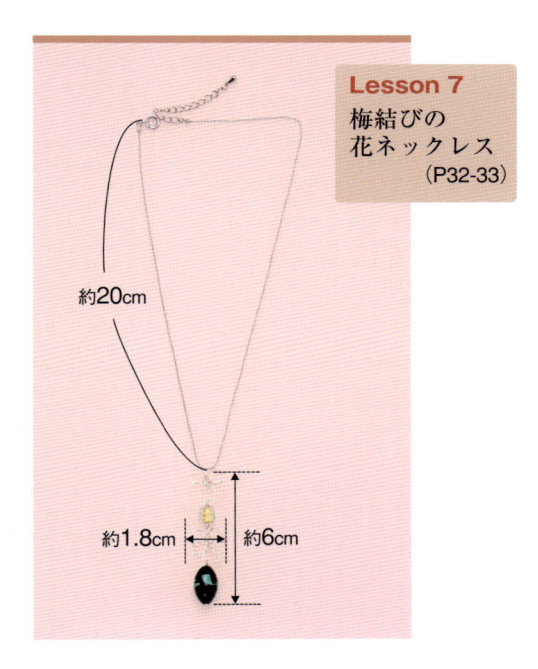

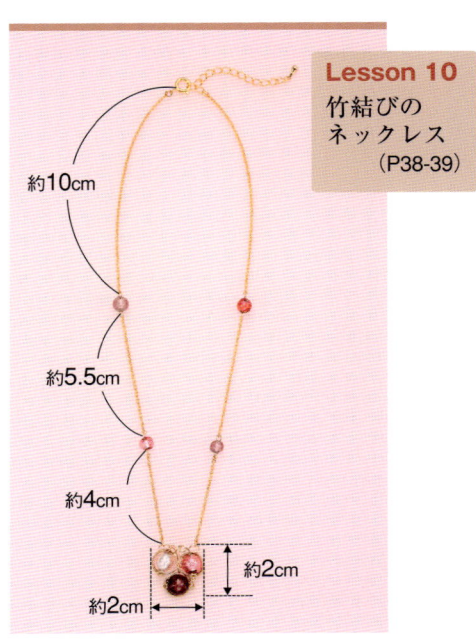

Lesson 6
けさ結びの
ネックレス
（P30-31）

約3cm
約3cm
約3cm
約2.5cm
約2cm
約8cm

Lesson 7
梅結びの
花ネックレス
（P32-33）

約20cm
約1.8cm　約6cm

Lesson 10
竹結びの
ネックレス
（P38-39）

約10cm
約5.5cm
約4cm
約2cm
約2cm

Lesson 11
菊結びの
ネックレス
（P40-41）

約17cm
約2.7cm
約2.8cm
約3.8cm

Technique

Lesson 13
梅結びの
蝶ロングネックレス
（P44-45）

約5cm
約4.2cm
約4cm
約3.5cm
約3cm
約3.3cm
約1.5cm
約5.5cm

Lesson 14
木瓜結びの
三花ネックレス
（P46-47）

約20cm
約4cm
約1.4cm

Lesson 15
裏梅結びの
ネックレス
（P48-49）

約17cm
約2.8cm
約4cm
約0.8cm
約2.3cm
約7.5cm

Lesson 16
総角結びの
花クロスネックレス
（P50-51）

約18.5cm
約2.5cm
約4.2cm
約3.8cm

Lesson 18
菊結び 応用の
ネックレス
（P54-55）

約22cm
約2.8cm
約4cm
約3.5cm

教室＆ショップガイド

◆教室

クリエートルーム朝霧
〒460-0002　名古屋市中区丸の内2-18-13　丸の内ステーションビル5階
TEL 052-221-5819（電話受付時間：10～19時）
アクセス◆地下鉄桜通線「丸の内」駅4番出口すぐ
ホームページ http://www.geocities.jp/yukoasagiri

　朝霧裕子が直接指導する創作教室です。ベネチアンビーズ、組みひもを豊富に揃えるとともに、作品の常設展示も行っています。また、各地で体験教室も実施していますので、参加ご希望の方はお問い合わせください。展示会、キット通信販売の情報はホームページをご覧ください。

熱田の森文化センター　ベネチアンビーズ・ジュエリー教室
〒456-0031　名古屋市熱田区神宮3-6-34　パレマルシェ神宮6階　TEL 052-683-2323
アクセス◆名鉄「神宮前」駅から直結

◆作品取扱い店

四間道(しけみち)ガラス館
〒451-0042　名古屋市西区那古野1丁目31-2　TEL＆FAX 052-551-1737　営業時間／11～17時　定休日／毎週日・月曜日

　江戸時代の石垣と蔵が残る街、四間道にあるガラス・ギャラリーです。色鮮やかなガラスの器がセンス良く並ぶ中に、朝霧裕子の常設ショップコーナーがあります。ぜひ手にとってご覧ください。

◆材料取扱い店

【ベネチアンビーズ専門店】

Venetian Bazaar（ベネチアン バザー）
〒180-0004　東京都武蔵野市吉祥寺本町4-1-2　TEL 0422-23-1677　ホームページ http://www.venetianbazaar.com

　日本でベネチアンビーズと言えば、ロッテル・マウリッツィオさんのこの店がよく知られています。ムラノ島生まれのマウリッツィオさんが生み出すビーズは、技術と情熱の結晶です。店には工房も併設され、運が良ければ彼が創作している姿を見ることができます。全国のデパートで開催されるイタリアン・フェアやビーズのイベントにも出店されています。

【ビーズ、組みひも、ワイヤー、アクセサリー・パーツの取扱い店】

　品揃えが豊富で全国に支店を持つ手芸店を紹介します。インターネットによる販売も充実してきていますから、ネット検索も試してください。

ユザワヤ蒲田店
〒144-8660　東京都大田区西蒲田8-4-12　TEL 03-3734-4141

WEST5
〒111-0053　東京都台東区浅草橋1-23-1　TEL（代）03-3865-7301

※本書に掲載している情報は2009年2月現在のものです。

◆朝霧裕子（あさぎり ゆうこ）

1993年、ベネチアの街とベネチアンビーズに魅せられる。その後、1冊の「飾り結び」の本に出会い、独学で「飾り結び」の技を用いて、ベネチアンビーズを装飾するグラス・ジュエリーを考案。2001年より展示活動を開始。2005年11月、工房であり創作教室である「クリエートルーム朝霧」をオープンし、創作技法を教えながら、精力的に展示活動を続けている。

●スタッフ

カバー・本文デザイン＝原　千春
図版作成＝株式会社ファクトリー・ウォーター
撮　　　影＝奥山和久、Eva Maria Ohtonen、朝霧裕子
編集協力＝佐々木由紀子
P57の作品…「八千代菊」

> 本書の内容の一部あるいは全部を無断で複写複製（コピー）することは法律で認められた場合を除き、著作者および出版社の権利の侵害となりますので、その場合は予め小社あて許諾を求めて下さい。

世界で一つ、光の花
飾り結び ベネチアンビーズ・ジュエリー
組みひもとワイヤーで楽しむ

●定価はカバーに表示してあります

2009年3月23日　初版発行

著　者　　朝霧裕子
発行者　　川内長成
発行所　　株式会社日貿出版社
東京都千代田区猿楽町1-2-2　日貿ビル内　〒101-0064
電話　営業・総務(03)3295-8411／編集(03)3295-8414
FAX　(03)3295-8416
振替　00180-3-18495

印刷・製本　株式会社サンニチ印刷
ⓒ2009 by Yuko Asagiri／Printed in Japan

ISBN978-4-8170-8149-0　　http://www.nichibou.co.jp/
落丁・乱丁本はお取り替え致します